Marmelade
Konfitüre & Gelee

einfach, lecker, hausgemacht

HEEL Verlag GmbH
Gut Pottscheidt
53639 Königswinter
Tel.: 02223 9230-0
Fax: 02223 9230-13
info@heel-verlag.de
www.heel-verlag.de

Originalausgabe:
Confitures à l'ancienne. Plus de 100 recettes gourmandes
Fleurus Éditions
© Rustica, Paris – 2016
Original-ISBN 978-2-8153-0831-1

Texte: Aglaé Blin (Rezepte auf den Seiten 22, 23, 25, 26, 28, 30, 32, 36, 37, 40, 43, 47, 48, 50, 52, 55, 56, 57, 66, 75, 76, 77, 79, 80, 81, 82, 84, 85, 87, 92, 93, 98, 100, 103, 108, 109, 113, 124, 128, 132, 136, 137, 139, 141, 144, 145, 147, 152, 153, 155, 156) und Minouche Pastier (Rezepte auf den Seiten 27, 31, 39, 41, 44, 45, 49, 53, 59, 60, 61, 63, 64, 65, 68, 69, 71, 72, 73, 88, 89, 95, 96, 97, 101, 104, 105, 106, 110, 112, 115, 116, 117, 119, 120, 121, 123, 125, 129, 131, 133, 135, 140, 142, 148, 149, 151, 157).
Foodstyling & Fotos: Soizic Chomel de Varagnes und Nicolas Labbestael
Mit Ausnahme von:
Kharbine-Tapabor: Florilegius: S. 107; Jonas: S. 154; Migny: S. 70; Jean Vigne: S. 114.
Leemage: De Agostini: S. 94; Florilegius: S. 24, 42, 51, 62, 86, 122, 138, 146.
Redaktionsleitung: Élisabeth Pegeon
Redaktion: Julie Parpaillon
Künstlerische Leitung: Mathieu Tougne
Grafische Gestaltung: Amélie Garcin
Lithographie: SNO
Lektorat: Hélène Fitamant Gaudin

Deutsche Ausgabe:
Übersetzung: Christa Trautner-Suder, Weilheim
Satz: Axel Mertens
Lektorat: Laura Wika von Czarnowski
Coverdesign: Axel Mertens; gb-s Mediendesign, Königswinter

Die Rezepte wurden nach bestem Wissen und Gewissen verfasst. Weder der Verlag noch die Autoren tragen die Verantwortung für ungewollte Reaktionen oder Beeinträchtigungen, die aus der Verarbeitung der Zutaten entstehen.

Printed in Slovakia

ISBN 978-3-95843-486-8

Land & WERKEN

Minouche Pastier und Aglaé Blin

Marmelade Konfitüre & Gelee

einfach, lecker, hausgemacht

HEEL

INHALT

HERBST 90

WINTER 126

VORWORT

Marmeladen, Konfitüren und Gelees – eine Erinnerung an Kindheitstage …
Sicher erinnern Sie sich noch an die Zeit, als der mit schönen bunten Früchten gefüllte Marmeladentopf sprudelnd auf dem Herd kochte und einen verlockenden Duft verbreitete. Vielleicht lauerten Sie auf den Moment, in dem Ihre Mutter oder Großmutter den Schaum abschöpfen würde und warteten voller Ungeduld bis Sie einen Finger in diese schaumige und duftende Masse tauchen durften. Ein kleines, unvergessliches Vergnügen … Entdecken Sie es quer durch alle Jahreszeiten neu!

Wenn das Frühjahr kommt, zeigt sich die Natur großzügig. Es ist die Zeit der Kirschen und Erdbeeren, die so zauberhaft zum Frühling passen. Ab April liegt ein süßes Parfüm in der Luft. Ist es der verlockende Duft der Gariguette-Erdbeere oder der Erdbeersorte Mara des Bois? Woche für Woche bleibt der Himmel etwas länger hell, die Nächte werden kürzer. Der Mai ist der Monat der Rosen, deren samtige Blütenblätter sich in ein köstliches Gelee verwandeln. Im Juni ist die Zeit des Rhabarbers, der Knorpelkirschen und Sauerkirschen. Auch Erdbeeren gibt es immer noch für leckere Kombinationen.

Dann zeigt der Sommer sein Gesicht: Johannisbeeren, Himbeeren und Schwarze Johannisbeeren vervollständigen die Familie der roten Früchte. Rund wie die Sonne ist die Aprikose, die den ganzen Juli über präsent ist. Es folgen die Pfirsiche, Melonen, Pflaumen, die ersten Birnen, Feigen und Trauben im Laufe des August.

Schließlich fallen die Blätter: Schon ist der Herbst da und bringt Äpfel, Birnen, Quitten und weitere Trauben. September, Oktober und November lassen den Wind durch die Äste fegen. Schließlich ist der Winter da: Die Esskastanien müssen nur aufgelesen werden. Exotische Früchte, von Bananen über Ananas und Kiwis bis zu Zitrusfrüchten, lassen die Verkaufsstände fröhlich aussehen.

Das Jahr endet im Dezember mit weihnachtlichem Glanz. Und schon werden die Tage wieder länger: Januar, Februar, März … Der Raureif verschwindet, das Rad der Jahreszeiten dreht sich weiter.

Die Herstellung von Marmeladen, Konfitüren und Gelees ist die beste Möglichkeit, die Zeit anzuhalten, die immer viel zu schnell vergeht. Damit alles gelingt, sollten einige kleine Tipps beherzigt werden, die Sie in diesem Buch finden. Es ist wichtig, sich an die Jahreszeiten zu halten: Mit Früchten, die im Gewächshaus gereift sind, ohne jemals die Sonne zu sehen, kann das Ergebnis nicht gut werden. Es ist auch unnötig, Geschmack und Aroma durch Gewürze oder Aromastoffe zu überdecken. Eine gute Konfitüre braucht keine Kunstgriffe, sondern einfach nur reife Früchte und viel Liebe.

Geheimnisse und Tipps, mit denen Ihre Konfitüren gelingen

KONFITÜREN, MARMELADEN ODER GELEES?

Konfitüren

Konfitüren werden aus ganzen oder zerkleinerten Früchten hergestellt, die in einem Zuckersirup gekocht werden. Der Kochvorgang erfolgt in zwei Schritten: Früchte und Zucker setzen anfangs viel Dampf frei. Sobald der Dampf verschwunden ist, geht der Kochvorgang rasch weiter und verlangt eine sorgfältige Überwachung wie beim Milchkochen, mit ständigem Rühren, damit die Konfitüre nicht am Topfboden ansetzt. Dabei steigen Verunreinigungen nach oben: der Schaum. Er wird einmal am Ende des Kochvorgangs mit einem Schaumlöffel oder Suppenlöffel aus Metall abgeschöpft. Wenn Sie ein Stückchen frische Butter in den Topf geben, verschwindet der Schaum wie von Zauberhand. Die Marmeladengläser können heiß oder kalt verschlossen werden.

Marmeladen

Marmeladen, die einfacher herzustellen sind als Konfitüren, werden meist mit Früchten zubereitet, die zu groß sind, um im Ganzen verarbeitet werden zu können. Sie werden daher klein geschnitten und anschließend abwechselnd mit Zucker in einer Schüssel geschichtet. Diese Mischung lässt man einige Stunden einweichen (dies wird als mazerieren bezeichnet), damit sie ihren Saft abgeben. Anschließend wird alles in einen Marmeladenkochtopf umgefüllt und je nach verwendeten Früchten bei starker oder schwacher Hitze gekocht. Am Ende des Kochvorgangs sind die Früchte nicht mehr zu erkennen. Wie bei Konfitüren wird auch hier am Ende des Kochvorgangs der Schaum abgeschöpft. Hausgemachte Marmeladen lassen sich mit allen Früchten herstellen. Die Marmeladengläser werden meist verschlossen, solange sie noch heiß sind. Übrigens: Im Handel ist durch eine europäische Richtlinie die Bezeichnung „Marmelade“ seit 1981 auf Zubereitungen mit Zitrusfrüchten beschränkt.

Gelees

Die Zubereitung von Gelees beschränkt sich auf Obstsorten, die ausreichend Säure und Pektin enthalten (Rote Johannisbeeren, Quitten, Äpfel, Zitrusfrüchte). Andere Früchte müssen mit Äpfeln, Quitten, Roten Johannisbeeren oder Geliermitteln gemischt werden, um ein Gelee zu ergeben. Zur Geleeherstellung werden Johannisbeeren bei starker Hitze in einigen Minuten zum Platzen gebracht; Quitten, Äpfel oder Orangen werden in Wasser gekocht und abgegossen, wobei der Saft durch ein feinporiges Sieb gefiltert wird. Der gewonnene Saft wird gewogen und mit derselben Menge Zucker gekocht, bis er geliert. Das Gelee lässt man, nach dem Abfüllen in Gläser, stehen und verschließt die Gläser erst am nächsten Tag.

DIE ZUTATEN

Früchte

Bei allen, die einen Obstgarten haben, ist das Ernten ein Teil der Marmeladenherstellung. Ernten Sie die Früchte in der Morgenfrische oder Abendkühle und bei trockenem Wetter. Ziehen Sie beim Ernten nicht an den Früchten. Wenn diese Widerstand leisten, sind sie noch nicht reif genug. Der Stiel soll sich vom Zweig lösen, nicht die Frucht vom Stiel (außer bei Walderdbeeren und Himbeeren).

Warten Sie immer bis zur vollständigen Reife der Früchte, außer bei Tomaten, die grün zubereitet werden und bei kleinen roten Früchten, die geerntet werden sollen, wenn sie gerade erst reif werden. Wenn Sie die Früchte kaufen müssen, sollten Sie wissen, dass grüne Stiele, ein intakter Reifbelag und ein glänzendes und festes Aussehen der Garant für gesunde Früchte sind. Da die Früchte in der Regel behandelt sind, müssen sie vor dem Gebrauch gewaschen werden, eine Ausnahme bilden Himbeeren und Walderdbeeren.

Zucker

Zucker wird seit beinahe 2000 Jahren in tropischen Ländern aus den Stängeln des Zuckerrohrs und in gemäßigten Klimazonen seit nunmehr 200 Jahren aus der Zuckerrübe gewonnen. Bis auf wenige Ausnahmen wird für Marmeladen & Co. nur weißer Zucker verwendet. Rohrzucker sollte vermieden werden, da er mit Verunreinigungen belastet ist: Er beeinträchtigt den Geschmack der Marmeladen und fördert deren Gärung.

Weißen Zucker gibt es in verschiedenen Formen:

- als Sand- oder Grießzucker: Dies ist die am häufigsten verwendete Form, da sich dieser Zucker sehr schnell auflöst;
- Kristallzucker: Er eignet sich für die Zubereitung von Konfitüren und ist etwas gröber und preiswerter als Sandzucker;
- Würfelzucker: Er dient zum Kochen von Zuckersirup;
- Gelierzucker: Dabei handelt es sich um Kristall- oder Sandzucker, dem Gelierstoffe zugesetzt sind. Damit werden auch Konfitüren mit Früchten, denen es an Pektin oder Säure mangelt, rasch fest. Um die ideale Konsistenz zu erreichen (Konfitüren, die nur mit Gelierzucker hergestellt werden, werden gerne klebrig), genügt die Verwendung einer Mischung aus einer Hälfte Kristallzucker und einer Hälfte Gelierzucker, wobei die auf der Packung angegebene Kochzeit um einige Minuten verlängert werden muss.

Ihre Marmelade kristallisiert

Wahrscheinlich haben die verwendeten Früchte zu wenig Säure. Kochen Sie sie zusammen mit dem Saft einer Zitrone oder einem Teelöffel Apfelessig pro 500 g Früchte erneut kurz auf. Es kann auch sein, dass Ihre Konfitüre zu lange gekocht oder zu zuckerhaltig ist. Gießen Sie etwas kochendes Wasser auf die Konfitüre, lassen Sie den Zucker sich darin auflösen und rühren Sie anschließend gut um.

Pektin

Damit eine Konfitüre, ein Gelee oder eine Marmelade fest wird, müssen die verwendeten Früchte genügend Pektin enthalten. Die natürliche gelierende Substanz, die aus Zucker besteht, ist in den Kernen, der Schale und dem Fruchtfleisch enthalten, vor allem, wenn diese noch unreif sind. Sie wirkt umso besser, je mehr Säure die Früchte enthalten (Rote Johannisbeeren, Äpfel, Quitten).
Sie können Gelierzucker, Geliermittel für Konfitüre oder Pektin in Pulverform verwenden. Für ein geschmackvolleres Ergebnis sollten Sie zu Beginn des Kochvorgangs jedoch besser den Saft einer Zitrone und einiger Äpfel (oder die Schalen und Kerne von Äpfeln oder Quitten in einem Musselinsäckchen) zugeben.
Um den Pektingehalt zu überprüfen, mischt man einen Esslöffel kochend heißen Fruchtsaft mit einem Esslöffel Brennspiritus. Ein pektinreicher Saft bildet einen kompakten Klumpen, Saft mit

mittlerem Pektingehalt bildet kleine Kugeln und Saft mit geringem Pektingehalt bildet verstreute Partikel. Die Mischung anschließend entsorgen, da Brennspiritus nicht zum Verzehr geeignet ist. Um den Säuregehalt einer Frucht herauszufinden, mischt man einen Teelöffel Zitronensaft mit drei Esslöffeln Wasser und einem halben Teelöffel Zucker. Kosten Sie das so erzielte Zitronenwasser: Wenn es Ihnen weniger sauer erscheint als der für die Konfitüre verwendete Fruchtsaft, fehlt es diesem an Säure. Zur Abhilfe geben Sie pro 750 g Früchten einen Esslöffel Zitronensaft zu.

Ihre Konfitüre wird nicht fest

Die verwendeten Früchte enthalten sicher nicht genügend Pektin. Lassen Sie die Konfitüre abkühlen und kochen Sie sie am nächsten Tag noch einmal zusammen mit einigen Apfelschalen und Apfelkernen in einem Musselinsäckchen oder mit Rotem Johannisbeersaft (250 g pro Kilo Obst) auf.

DIE UTENSILIEN

Marmeladentopf

Der Marmeladentopf aus unverzinntem Kupfer gewährleistet, dass Marmeladen gleichmäßig kochen. Der Topf muss vor jedem Gebrauch mit grobem Salz und Essig gereinigt werden. Achten Sie aber darauf, Früchte vor oder nach dem Kochen nie länger im Topf zu lassen.
Ein emaillierter Topf ist praktischer, wenn die Früchte vor dem Kochen einige Stunden im Zucker einweichen (mazerieren) müssen.
Ebenfalls geeignet sind ein Kochtopf oder eine Kasserolle aus Edelstahl oder Emaille.

Große Schüssel

Eine große Schüssel aus glasiertem Ton, Edelstahl oder Glas ist unverzichtbar, um Früchte und Zucker einige Stunden einzuweichen (mazerieren).

Gefäße zum Abfüllen

Gefäße aus Glas, Steingut oder Pyrex können von Jahr zu Jahr wiederverwendet werden. Es gibt sie in verschiedenen Größen. Sie können auch Senfgläser mit Schraubdeckel verwenden.

Kleinmaterial

Folgende kleine Utensilien können sich als nützlich erweisen:

- ein Schaumlöffel aus Aluminium, Edelstahl oder Kupfer. Zu Beginn des Kochvorgangs können damit die Früchte zerdrückt werden, sie können darauf abtropfen und vor dem Abfüllen in die Gläser wird der Schaum damit abgeschöpft;
- ein Holzlöffel zum Mischen der Konfitüre;
- ein Entsteiner;
- eine kleine Schöpfkelle zum Befüllen der Gläser;
- ein Trichter, der beim Befüllen auf das Glas gesetzt wird;
- eine Saftpresse;
- ein Sparschäler und ein kleines Messer;
- ein Zuckerthermometer, um das Kochstadium des Zuckersirups zu prüfen. Es muss in heißes Wasser getaucht werden, bevor es mit dem kochenden Sirup in Berührung kommt.
- eine Küchenwaage zum Abwiegen der vorbereiteten Früchte;
- ein Messbecher aus Glas, der zum Abmessen des Sirups für Gelees benötigt wird, kann die Küchenwaage beim Abwiegen des Sand- oder Kristallzuckers ersetzen.

Das Sieb

Durch das Sieb wird der Fruchtsaft gefiltert, aus dem das Gelee gekocht werden soll. Ersatzweise können Sie ein Passiertuch zwischen zwei Stühlen oder an den vier Füßen eines umgedrehten Hockers verknoten und den Saft über Nacht in eine große Schüssel abtropfen lassen.
Sie können auch ein Passiersieb, ein Nylon-Passiertuch, das durch einen Holzring zusammengezogen wird oder ein Passiergerät mit feinem Einsatz verwenden. Im letzten Fall den Saft anschließend sofort durch ein Sieb geben, das mit einem feuchten Tuch ausgelegt ist.
Mit einer Zentrifuge lassen sich Gelees zubereiten, ohne dass die Früchte vorab gekocht werden müssen. Der Saft ist aber nicht so klar wie bei der herkömmlichen Methode.

Kochfeld und Mikrowelle

Mit einem Gasherd werden ausgezeichnete Ergebnisse erzielt, da sich die Hitze gut regulieren lässt. Bis sich der Zucker aufgelöst hat, wird bei schwacher Hitze gegart. Anschließend bei starker Hitze weiterkochen, um den Kochvorgang rasch abzuschließen. Ein Elektroherd ist perfekt geeignet, wenn der Marmeladentopf (oder Kochtopf) einen flachen und dicken Boden hat.
Auch mit einer Mikrowelle kann gearbeitet werden, dabei ist jedoch die Kochzeit schwer zu bestimmen. Lassen Sie die Mischung 10 Minuten kochen und kontrollieren Sie sie beim anschließenden Weiterkochen alle 3 Minuten. Lassen Sie die Konfitüre vor dem Abfüllen immer 5 Minuten außerhalb der Mikrowelle ruhen.

Ihre Konfitüre weist kleine Luftbläschen auf

Dies ist das Anzeichen einer alkoholischen Gärung, wahrscheinlich auf Grund einer zu kurzen Kochzeit. Die Konfitüre ist in diesem Fall leider ungenießbar!

Das Kochen

- Um zu verhindern, dass die Masse überkocht, den Marmeladentopf nur zur Hälfte füllen. Ein Holzlöffel, der während des Kochens in der Konfitüre bleibt, verhindert ebenfalls ein Überkochen.
- Die Angaben zur Kochzeit dienen nur zur Orientierung. Die Kochzeit hängt von der Stärke der Wärmequelle, dem Zucker- und Wassergehalt der Früchte und deren Reifegrad ab. Das Sirupkochen durchläuft mehrere Stadien (schwacher Flug, starker Flug, kleiner Ballen, starker

Ballen …), die man sinnvollerweise kennen sollte. Bei den Rezepten werden die Merkmale genannt, anhand derer man erkennt, wann der gewünschte Punkt erreicht ist.

ABFÜLLEN UND AUFBEWAHREN

Vorbereitung der Gläser

Das Abfüllen in Gläser verlangt viel Sorgfalt und strenge Hygiene. Bereiten Sie die Gefäße und die entsprechenden Deckel vor. Legen Sie die Gläser kurz in kochendes Wasser und stellen Sie sie anschließend umgedreht auf ein sauberes Geschirrtuch, das während des Marmeladekochens die Feuchtigkeit aufsaugt. Die Gefäße nicht auswischen, da sonst Baumwollfusel hängen bleiben könnten. Mit einem Trichter und einem kleinen Schöpflöffel werden die Gläser bis zum Rand gefüllt: Beim Abkühlen verringert sich das Volumen der Marmelade. Wenn Fruchtstücke enthalten sind, vor dem Abfüllen 10 Minuten ruhen lassen. Zum Schluss die Ränder mit einem feuchten Tuch abwischen und die Gläser mit der gewählten Methode verschließen.

Verschließen der Gläser

Die Gefäße können noch heiß verschlossen werden, sobald der Kochvorgang beendet ist:

- **mit einem Schraubdeckel:** Die Gläser bis zum Rand füllen und mit dem Schraubdeckel verschließen. Sofort auf den Kopf stellen. Die sehr heiße Konfitüre sterilisiert das Gefäß rasch.
- **mit Zellophan-Quadraten:** Jedes Quadrat mit einem feuchten Schwamm leicht befeuchten. Mit der trockenen Seite auf das Marmeladenglas legen und an den Rändern ziehen, damit die Folie gut anhaftet. Mit einem Gummiring sichern.

Die Gläser werden erst verschlossen, nachdem sie komplett abgekühlt sind, also 12–24 Stunden nach dem Kochen:

- **mit Paraffin:** Den Paraffinblock in Stücke brechen. Die Stücke bei sehr schwacher Hitze im Wasserbad schmelzen lassen. Das heiße, aber nicht kochende Paraffin in einer etwa 3 mm dicken Schicht auf die abgekühlte Marmelade gießen. Beim Erkalten wird das Paraffin fest und bildet einen undurchdringlichen Verschluss. Die Gläser mit einer Schutzhaube aus Zellophan oder Stoff bedecken, um sie vor Staub zu schützen. Vor dem Verzehr die Paraffinscheibe mit einem Messer oder durch leichten Druck mit dem Finger anheben. Die Paraffinscheiben säubern und aufheben, sie können mehrmals verwendet werden. Für erneuten Gebrauch wieder schmelzen lassen.

– **mit Papier:** Aus Pergamentpapier, Zellophan oder Backpapier Kreise im Durchmesser der Gläser ausschneiden. Diese Kreise in Branntwein oder Rum tauchen. Anschließend mit der mit Alkohol benetzten Seite auf die Marmelade legen, um für eine bessere Konservierung zu sorgen. Mit einem Quadrat Zellophan abdecken, das auf einer Seite befeuchtet wurde, dabei die trockene Seite auf das Glas legen. An den Rändern ziehen, damit die Folie gut haftet und mit einem Gummiring sichern.

Ein Jahr haltbar

Nachdem die Gläser mit Etiketten versehen wurden, auf denen die Frucht und das Zubereitungsdatum vermerkt sind, die Gefäße an einen dunklen, trockenen und kühlen Ort stellen. Wenn Sie keinen Keller haben, lagern Sie die Konfitüren im Kühlschrank oder in einer Ecke der Küche möglichst weit weg vom Ofen oder Herd, kühl (zwischen 5–15 °C) und trocken. Die Haltbarkeit ist deutlich länger, wenn die Konfitüren eingefroren werden. Vor dem Verzehr reicht es, sie bei Zimmertemperatur langsam auftauen zu lassen und rasch zu verbrauchen.

Ihre Konfitüre schimmelt an der Oberfläche

Es ist möglich, dass die Konfitüre beim Abfüllen zu kalt war, dass das Gefäß zu spät verschlossen wurde oder dass es an einem zu warmen oder zu feuchten Ort stand. Nach dem Entfernen der Schimmelschicht kann die Konfitüre innerhalb kurzer Zeit verzehrt werden. Besser ist es jedoch, sie noch einmal aufkochen zu lassen.

	Januar Februar März April Mai Juni Juli August September Oktober November Dezember
Ananas	ganzjährig
Apfel	ganzjährig
Aprikose	Anfang Juni bis Mitte August
Banane	ganzjährig
Berberitze	August bis September
Birne	August bis März
Bohnenkraut	Juli bis September
Brombeere	Juli bis September
Clementine	November bis März
Engelwurz	August bis September
Erdbeere	April bis September
Esskastanie	September bis November
Feige	Juni bis November
Granatapfel	Juli bis Dezember
Hagebutte	Oktober
Heidelbeere	Juli bis September
Himbeere	Juni bis Oktober
Holunder	Juli bis August
Italia-Traube	ganzjährig
Kaki	September bis März
Karotte	ganzjährig
Kirsche	Mai bis Juli
Kiwi	ganzjährig
Kokosnuss	Oktober bis Februar
Kumquat	Dezember bis April
Kürbis	August bis Februar
Litchi	November bis März
Mango	ganzjährig
Melone	April bis Oktober
Mirabelle	August
Orange	ganzjährig
Pampelmuse	ganzjährig
Papaya	ganzjährig
Passionsfrucht	ganzjährig
Pfirsich	Juli bis September
Pflaume	Juli bis September
Quitte	September bis November
Rhabarber	April bis August
Rose	Juni bis August
Rote Johannisbeere	Juni bis August
Schw. Johannisbeere	Juni bis Juli
Siamkürbis	August bis Oktober
Stachelbeere	Juli bis August
Süßkartoffel	ganzjährig
Tomate	Mai bis September
Wassermelone	August bis Oktober
Weintraube	August bis September
Zitrone	ganzjährig

FRÜHLING

KIRSCH-KONFITÜRE

Die pektinarmen Kirschen werden hier mit Roten Johannisbeeren gemischt, um eine rubinrote, ausreichend feste Konfitüre mit leckerem Kirschgeschmack zu erzielen. Durch die Zugabe von Johannisbeersaft wird die Konfitüre rasch fest, sodass sie nur kurz gekocht werden muss.

ZUBEREITUNG
Verteilt auf 2 Tage

RUHEZEIT
12 Std.

KOCHZEIT
20 Min.

ERGIBT CA.
7 Gläser à 350 g

ZUTATEN
1 kg Kirschen (englische Sorte Montmorency oder Knorpelkirschen Napoléon)
500 g Rote Johannisbeeren
1,2 kg Kristallzucker

Tipp
Um Zeit zu sparen, die Johannisbeeren zum Entsaften direkt in die Zentrifuge geben.

Erster Tag

/ Die Kirschen waschen, entstielen und entkernen. Den Zucker und 200 ml Wasser in einen Marmeladentopf geben. Bei schwacher Hitze erwärmen. Sobald sich der Zucker aufgelöst hat, die Kirschen zugeben. Bei starker Hitze 7–8 Minuten kochen.

/ Am Ende der Kochzeit den Schaum abschöpfen, anschließend den Inhalt des Marmeladentopfes in eine große Schüssel gießen. Abkühlen lassen und bis zum nächsten Tag kalt stellen.

Zweiter Tag

/ Die Johannisbeeren waschen und entstielen. Bei schwacher Hitze in sehr wenig Wasser aufplatzen lassen, hierzu die Beeren mit einem Schaumlöffel zerdrücken. Den gewonnenen Johannisbeersaft filtern.

/ Den Johannisbeersaft in den Marmeladentopf gießen. Die am Vortag zubereitete Kirsch-Zucker-Mischung zugeben. Bei starker Hitze aufkochen. 3 Minuten sprudelnd kochen lassen.

/ Die Kirschen mit dem Schaumlöffel herausnehmen. Den Sirup bei starker Hitze kochen und reduzieren lassen, bis er den Schaumlöffel mit einem dünnen glänzenden Film überzieht.

/ Die Kirschen wieder mit in den Topf geben. Weitere 3–4 Minuten kochen. Am Ende der Kochzeit den Schaum abschöpfen. Die Konfitüre gut verrühren, bevor sie in die Gläser gefüllt wird, damit sich oben keine Haut bildet. Die Gläser sofort verschließen.

FRÜHLING

ERDBEER-KONFITÜRE

Mit diesem Rezept, dessen Zubereitung auf vier Tage verteilt ist, ist der Erfolg garantiert: Die Kochzeit der Konfitüre beträgt insgesamt nur knapp 10 Minuten. So behalten die Erdbeeren ihr Aroma und ihre Farbe, ohne jedoch in den Gläsern nach oben zu steigen – was sonst passierieren würde, wenn die Konfitüre nicht lange genug gekocht wird.

ZUBEREITUNG
Verteilt auf 4 Tage

RUHEZEIT
12 Std. + 12 Std. + 12 Std.

KOCHZEIT
10 Min.

ERGIBT CA.
8 Gläser à 350 g

ZUTATEN
2 kg Erdbeeren
1,8 kg Kristallzucker
Saft von 1 Zitrone

Erster Tag

/ Die Erdbeeren waschen und entstielen. Große Früchte klein schneiden, die anderen ganz lassen. Die Früchte abwechselnd mit dem Zucker in eine große Schüssel schichten. Mit einer Schicht Zucker abschließen. Mit dem Zitronensaft begießen. Bis zum nächsten Tag kalt stellen.

Zweiter Tag

/ Den Inhalt der Schüssel in einen Marmeladentopf geben. Bei milder Hitze unter Rühren aufkochen, damit sich der Zucker leichter auflöst. 4 Minuten bei starker Hitze kochen lassen. In die Schüssel zurückgießen. Abkühlen lassen und bis zum nächsten Tag kalt stellen.

Dritter Tag

/ Die Konfitüre wieder in den Marmeladentopf gießen und nach dem Aufkochen 3 Minuten kochen lassen. In die Schüssel zurückgießen. Nach dem Abkühlen bis zum nächsten Tag kalt stellen.

Vierter Tag

/ Die Konfitüre erneut in den Marmeladentopf gießen und nach dem Aufkochen 2 Minuten kochen lassen. Die Gelierprobe machen: Ein paar Tropfen der Konfitüre auf einen Teller geben. Diese sollten nur sehr langsam auf dem Teller verlaufen.

/ Am Ende der Kochzeit den Schaum abschöpfen. Die Konfitüre verrühren, in die Gläser füllen und diese sofort verschließen.

ERDBEER-KONFITÜRE
für Kinder

Diese Konfitüre ohne Stückchen lässt sich besonders leicht auf einem Butterbrot verstreichen und ist bei Kindern sehr beliebt. Um Zeit zu sparen, können Sie auch Gelierzucker verwenden: Die Kochzeit beträgt dann nur wenige Minuten und die Erdbeeren behalten ihre schöne rubinrote Farbe.

ZUBEREITUNG
20 Min.

KOCHZEIT
1 Std.

ERGIBT CA.
4 Gläser à 350 g

ZUTATEN
1 kg Erdbeeren
1 kg Kristallzucker

Tipp
Die Konfitüre nach dem Öffnen in der Kühlschranktür aufbewahren und innerhalb von zwei Monaten verbrauchen.

/ Die Erdbeeren waschen, entstielen und mit 150 ml Wasser in einen Marmeladentopf geben. Bei schwacher Hitze unter häufigem Rühren 30 Minuten kochen, dabei die Erdbeeren mit einem Schaumlöffel zerdrücken.

/ Den Zucker zugeben. Ständig rühren, bis sich der Zucker aufgelöst hat. Bei starker Hitze unter häufigem Rühren 30–40 Minuten weiterkochen. Die Gelierprobe machen: Ein paar Tropfen der Konfitüre auf einen Teller geben. Diese sollten nur sehr langsam auf dem Teller verlaufen.

/ Die Konfitüre verrühren, in die Gläser füllen und diese sofort verschließen.

MARMELADE AUS ZWEI ERDBEERSORTEN

Die Zugabe von Walderdbeeren verleiht dieser Konfitüre ein köstliches Aroma – unter der Voraussetzung, dass wirklich gute Erdbeeren verwendet werden. Bedenken Sie, dass die schönsten Früchte nicht unbedingt die besten sind. Kleine Walderdbeeren und Gartenerdbeeren haben oft mehr Geschmack als große Früchte.

ZUBEREITUNG
20 Min.

KOCHZEIT
45 Min.

ERGIBT CA.
4 Gläser à 350 g

ZUTATEN
1 kg Erdbeeren
250 g Walderdbeeren
1 kg Kristallzucker
Saft von ½ Zitrone

Tipp
Bei dieser Marmelade ist langes Kochen unnötig, da sie ziemlich flüssig bleibt.

/ Die Erdbeeren waschen und entstielen. Größere Früchte klein schneiden. Die Walderdbeeren nach Möglichkeit nicht waschen.

/ Die Erdbeeren und die Walderdbeeren zusammen mit dem Zucker und dem Zitronensaft in einen Marmeladentopf geben. Bei schwacher Hitze 15 Minuten unter häufigem Rühren mit einem Holzlöffel kochen.

/ Anschließend die Erdbeeren und die Walderdbeeren mit einem Schaumlöffel herausnehmen und in einer Schüssel beiseitestellen.

/ Die Kochflüssigkeit 15–20 Minuten kochen und reduzieren lassen. Beide Erdbeersorten wieder in den Marmeladentopf geben. Bei milder Hitze weitere 10 Minuten kochen. Die Gelierprobe machen: Ein Tropfen der Marmelade sollte langsam vom Schaumlöffel tropfen.

/ Am Ende der Kochzeit den Schaum abschöpfen. Die Marmelade verrühren, in die Gläser füllen und diese sofort verschließen.

KONFITÜRE AUS VIER ROTEN FRÜCHTEN

„Framboise", das französische Wort für Himbeere, ist eine Verkürzung von „fraise des bois" (Walderdbeere). Man findet wilde Himbeeren in Lichtungen, am Wegesrand und sogar im helleren Unterholz.

ZUBEREITUNG
30 Min.

KOCHZEIT
35 Min.

ERGIBT CA.
6 Gläser à 500 g

ZUTATEN
500 g Erdbeeren
500 g Kirschen
350 g Rote Johannisbeeren
350 g Himbeeren
1,7 kg Grießzucker

Variante

Sie können zu dem Johannisbeer- und Himbeersaft den Saft einer Zitrone oder einer halben Orange zugeben.

/ Die Früchte waschen. Die Erdbeeren und die entsteinten Kirschen entstielen und halbieren. Die Johannisbeeren entstielen. Die Himbeeren verlesen.

/ 850 g des Zuckers und 100 ml Wasser in einen Marmeladentopf geben. Die Kirschen zugeben und 20 Minuten unter gelegentlichem Umrühren kochen lassen, am Ende der Kochzeit den Schaum abschöpfen.

/ Inzwischen die Johannisbeeren und die Himbeeren durch ein Passiergerät passieren, anschließend das gewonnene Fruchtmus durch ein mit einem Passiertuch ausgelegtes Sieb filtern.

/ Die Erdbeeren mit in den Topf geben und 10 Minuten unter gelegentlichem Umrühren weiterkochen, am Ende der Kochzeit den Schaum abschöpfen.

/ Während die Kirschen und Erdbeeren kochen, den Johannisbeer- und Himbeersaft in einen Topf gießen und den restlichen Zucker (850 g) zugeben. Aufkochen und 5 Minuten kochen lassen. Am Ende der Kochzeit den Schaum abschöpfen. Diesen Sirup zu den anderen Früchten geben und untermischen. Solange weiterkochen, bis ein Tropfen Konfitüre auf einem kalten Teller nicht mehr verläuft.

/ Die Konfitüre in die Gläser füllen, diese mit Schraubdeckeln verschließen und auf den Kopf stellen. Erst wieder umdrehen, wenn sie erkaltet sind.

RHABARBER-KONFITÜRE

Rhabarber wird im Juni geerntet, bevor die große Hitze kommt. Danach enthält reifer Rhabarber mehr Säure. Wenn Sie ihn selbst ernten, brechen Sie die Stangen möglichst nah an der Wurzel. Ernten Sie aber nur die Hälfte, damit sich die Pflanze anschließend weiter entfalten kann.

ZUBEREITUNG
Verteilt auf 2 Tage

MAZERIERZEIT
12 Std.

KOCHZEIT
ca. 25 Min.

ERGIBT CA.
7 Gläser à 350 g

ZUTATEN
2 kg Rhabarberstangen
2 kg Kristallzucker

Tipp

Die Konfitüre ist fertig, sobald Sie beim Rühren mit dem Holzlöffel den Topfboden sehen können.

Erster Tag

/ Die Rhabarberstangen waschen und dabei unter kaltem Wasser abbürsten. Sie müssen nicht geschält werden. Die Stangen in kleine Stücke schneiden.

/ Die Rhabarberstücke abwechselnd mit dem Zucker in eine große Schüssel schichten. Mit einer Zuckerschicht enden. 12 Stunden einweichen (mazerieren) lassen.

Zweiter Tag

/ Der Rhabarber hat viel Saft abgegeben. Die Fruchtstücke abtropfen lassen. Den Saft in einen Marmeladentopf geben und bei milder Hitze aufkochen. Anschließend den Saft bei starker Hitze 2 Minuten kochen und die Rhabarberstückchen dazugeben. 15–20 Minuten bei starker Hitze unter ständigem Rühren kochen lassen.

/ Am Ende der Kochzeit den Schaum abschöpfen. Die Konfitüre verrühren, in die Gläser füllen und diese sofort verschließen.

FRÜHLING

RHABARBER-MARMELADE

mit Erdbeeren

Die glückliche Verbindung zweier Frühlingsfrüchte: Die Süße der Erdbeeren gleicht die Säure des Rhabarbers aus. Sie können das Verhältnis ändern, indem Sie mehr Erdbeeren verwenden. Rechnen Sie in jedem Fall mit 800 g Zucker pro Kilo Obst.

ZUBEREITUNG
Verteilt auf 2 Tage

MAZERIERZEIT
12 Std.

KOCHZEIT
ca. 45 Min.

ERGIBT CA.
8 Gläser à 350 g

ZUTATEN
1 kg Erdbeeren
1 kg Rhabarberstangen
1,6 kg Kristallzucker
Saft von ½ Zitrone

Tipp
Um zu verhindern, dass die Früchte verkochen, diese vorab mit einem Schaumlöffel herausnehmen und auf die Gläser verteilen. Den Sirup weiterkochen, bis die gewünschte Konsistenz erreicht ist und anschließend über die Früchte in die Gläser gießen.

Erster Tag

/ Die Erdbeeren waschen und entstielen. Mit 800 g des Zuckers abwechselnd in eine große Schüssel schichten. Mit einer Zuckerschicht enden. Mit dem Zitronensaft beträufeln.

/ Die Rhabarberstangen waschen, schälen und in kleine Stücke schneiden. Mit dem restlichen Zucker abwechselnd in eine zweite Schüssel schichten. Mit einer Zuckerschicht enden.

/ Die Erdbeeren und den Rhabarber 12 Stunden einweichen (mazerieren) lassen.

Zweiter Tag

/ Den Rhabarber in einen Marmeladentopf geben. Bei schwacher Hitze aufkochen, anschließend bei starker Hitze 10 Minuten kochen.

/ Die Erdbeeren dazugeben. Unter häufigem Rühren etwa 30 Minuten weiterkochen.

/ Die Gelierprobe machen: Einige Tropfen der Marmelade sollten auf einem kalten Teller sofort fest werden.

/ Am Ende der Kochzeit den Schaum abschöpfen. Die Marmelade verrühren, in die Gläser füllen und diese sofort verschließen.

ROSEN-KONFITÜRE

Verwenden Sie nach Möglichkeit rote Provins-Rosen mit intensiver Farbe. Diese Rosen, die zur Zeit der Kreuzzüge von einem Grafen de Brie nach Frankreich gebracht wurden, akklimatisierte man in der Umgebung von Paris, in der Region Provins.

ZUBEREITUNG
30 Min.

MAZERIERZEIT
24 Std.

KOCHZEIT
ca. 20 Min.

ERGIBT CA.
3 Gläser à 375 g

ZUTATEN
500 g Rosenblätter
ca. 1 kg Grießzucker
Saft von 1 Zitrone

Tipp

Wenn Ihnen die Rosen zu wenig aromatisch erscheinen, geben Sie am Ende der Kochzeit 100 ml Rosenwasser dazu.

/ Die Rosenblätter abzupfen, rasch waschen und in einen Topf mit kochendem Wasser legen. Den Topf vom Herd nehmen, zudecken und die Blätter 24 Stunden einweichen (mazerieren) lassen.

/ Die Flüssigkeit durch ein mit einem Passiertuch ausgelegtes Sieb filtern, dabei die Rosenblätter mit dem Rücken eines Holzlöffels ausdrücken. Die Rosenblätter aufheben.

/ Die gewonnene Flüssigkeit abmessen, in einen Marmeladentopf gießen und den Zucker im Verhältnis von 1 kg auf 500 ml Flüssigkeit zugeben.

/ Bei starker Hitze unter Rühren aufkochen. Sobald sich der Zucker aufgelöst hat, die Rosenblätter zugeben und bei mittlerer Hitze 10–15 Minuten kochen lassen. Ein Tropfen Sirup, den Sie in ein Glas mit kaltem Wasser tropfen lassen, sollte sich nicht auflösen. Die Rosenblätter mit einem Schaumlöffel herausnehmen und aufheben. Den Sirup solange weiterkochen lassen, bis er dick ist und große Blasen wirft.

/ Den Topf vom Herd nehmen. Den Sirup abkühlen lassen, dann die Rosenblätter und den Zitronensaft zugeben. Gut vermischen.

/ Die Konfitüre in die Gläser füllen, diese mit den Schraubdeckeln verschließen und auf den Kopf stellen. Die Gläser erkalten lassen, dann erst wieder umdrehen.

ROSEN-GELEE

Für die Zubereitung dieses Gelees mit überaus zartem und aromatischem Geschmack ist es zwingend notwendig, ungespritzte Gartenrosen zu verwenden. Genießen Sie das Rosengelee auf lauwarmem Hefegebäck für ein überaus raffiniertes Frühstück.

ZUBEREITUNG
Verteilt auf 2 Tage

MAZERIERZEIT
12 Std.

KOCHZEIT
ca. 50 Min.

ERGIBT CA.
3 Gläser à 350 g

ZUTATEN
500 g Rosenblätter
750 g Würfelzucker
Saft von 3 Zitronen

Tipp
Um das Gelee bis zum Erkalten vor Staub zu schützen, die Gläser einfach mit einem Blatt Butterbrotpapier abdecken.

Erster Tag

/ Den weißen unteren Teil der Rosenblätter mit einer Schere abschneiden, da er das Gelee bitter machen würde.

/ Die Rosenblätter in eine große Schüssel legen. Mit 500 ml kaltem Wasser übergießen und 12 Stunden einweichen (mazerieren) lassen.

Zweiter Tag

/ In einem Marmeladentopf 100 ml Wasser mit dem Zucker und einem Schuss Zitronensaft aufkochen. Kochen lassen, bis große Blasen an der Oberfläche des Sirups zerplatzen.

/ Nun die Rosenblätter mit dem Einweichwasser und dem Saft von 2 Zitronen zugeben. Unter häufigem Rühren 30–40 Minuten kochen lassen.

/ Den Saft der dritten Zitrone am Ende der Kochzeit zugeben. Die Gelierprobe machen: Einige Tropfen des Gelees sollten auf einem kalten Teller sofort fest werden.

/ Das Gelee in Gläser füllen. Erkalten lassen und die Gläser erst am nächsten Tag verschließen.

PULVÉRISÉ

SOMMER

APRIKOSEN-KONFITÜRE
mit Mandeln

Dies ist meine Lieblingskonfitüre, so cremig und aromatisch, wie man sie sich nur wünschen kann. Damit sie gelingt, nehmen Sie die gleiche Menge Zucker und Früchte. Die Zuckermenge kann allerdings auch leicht reduziert werden, vor allem bei sehr reifen Früchten.

ZUBEREITUNG
Verteilt auf 2 Tage

RUHEZEIT
12 Std.

KOCHZEIT
ca. 25 Min.

ERGIBT CA.
4 Gläser à 350 g

ZUTATEN
1 kg Aprikosen (entsteint)
1 kg Kristallzucker
15 frische Mandeln
Saft von 1 Zitrone

Tipp

Traditionell verwendet man die in den Aprikosenkernen enthaltenen Mandeln, aber die Früchte sind heute fast immer gespritzt. Daher wird davon abgeraten, diese Mandeln zu verzehren, denn sie enthalten den Großteil der Pestizide.

Erster Tag

/ Die entsteinten Aprikosen klein schneiden. Mit dem Zucker und dem Zitronensaft in eine große Schüssel geben und vermischen. Bis zum nächsten Tag kalt stellen.

Zweiter Tag

/ Die Mandeln knacken, schälen und kurz in kochendes Wasser legen. Abschrecken, abtropfen lassen und halbieren.

/ Den Inhalt der Schüssel in einen Marmeladentopf umfüllen. Bei milder Hitze aufkochen. Anschließend bei starker Hitze 15–20 Minuten unter häufigem Rühren kochen lassen. Die Gelierprobe machen: Einige Tropfen der Konfitüre sollten auf einem kalten Teller sofort fest werden. Gegen Ende der Kochzeit die Mandeln zugeben.

/ Am Ende der Kochzeit den Schaum abschöpfen. Die Konfitüre verrühren und in die Gläser füllen. Die Gläser sofort verschließen.

APRIKOSEN-GELEE

Aprikosen-Gelee kann man immer gebrauchen, es schmeckt nicht nur köstlich auf einem Butterbrot, sondern ist auch sehr praktisch als Überzug, um Kuchen und Tartes glänzen zu lassen. Hierfür das Gelee leicht erwärmen, damit es wieder flüssig wird.

ZUBEREITUNG
15 Min.

KOCHZEIT
ca. 25 Min.

ERGIBT CA.
4 Gläser à 350 g

ZUTATEN
1 kg sehr reife Aprikosen
1 kg Kristallzucker
Saft von 1 Zitrone

Tipp
Das Gelee unbedingt während der gesamten Kochzeit rühren, da es sehr schnell am Topfboden ansetzt.

/ Die Aprikosen waschen, entsteinen und klein schneiden. Anschließend durch ein Passiergerät mit feinem Aufsatz passieren. Das gewonnene Püree wiegen.

/ Das Aprikosenpüree in einen Marmeladentopf geben. Das gleiche Gewicht an Zucker und den Zitronensaft zugeben. Unter häufigem Rühren bei starker Hitze aufkochen.

/ Etwa 20 Minuten kochen lassen. Die Gelierprobe machen: Ein Tropfen Gelee sollte auf einem kalten Teller sofort fest werden.

/ Am Ende der Kochzeit den Schaum abschöpfen und das Gelee in die Gläser füllen. Bis zum nächsten Tag abkühlen lassen, dann die Gläser verschließen.

APRIKOSEN-MARMELADE

Das Wort Aprikose leitet sich von dem aus dem Arabischen stammenden spanischen Begriff al-barquq ab, was „frühreif" bedeutet, da der Aprikosenbaum sehr zeitig im Frühjahr blüht. Dieser Obstbaum profitiert von der Sommerhitze, seine Blüten fürchten jedoch späten Frost.

ZUBEREITUNG
Verteilt auf 2 Tage

MAZERIERZEIT
12 Std.

KOCHZEIT
20 Min.

ERGIBT CA.
3 Gläser à 500 g

ZUTATEN
1 kg Aprikosen
ca. 800 g Grießzucker

Erster Tag

/ Die Aprikosen waschen und abtrocknen. Die Früchte halbieren und entsteinen. Die Aprikosenhälften wiegen.

/ Die Früchte in einen Marmeladentopf geben und Zucker im Verhältnis von 800 g pro Kilo entsteinte Aprikosen dazugeben. Den Topf mit einem Küchentuch abdecken und den Inhalt 12 Stunden lang einweichen (mazerieren) lassen.

Zweiter Tag

/ Den Topfinhalt aufkochen und bei starker Hitze 20 Minuten unter gelegentlichem Rühren kochen lassen. Die Marmelade ist fertig, wenn ein Tropfen auf einem kalten Teller nicht mehr verläuft. Am Ende der Kochzeit den Schaum abschöpfen und die Marmelade erneut mehrmals aufwallen lassen.

/ Die Marmelade in die Gläser füllen, diese mit Schraubdeckeln verschließen und auf den Kopf stellen. Erkalten lassen, dann erst wieder umdrehen.

PREISELBEER-GELEE

Der Geschmack dieser kleinen, sehr aromatischen und farbenfrohen Beeren, die in ihrer Herkunftsregion Skandinavien überaus beliebt sind, beschwört die Berge und eine unberührte Natur herauf. Das Gelee schmeckt köstlich auf einem Butterbrot, begleitet aber auch eine Sauce zu Wildgerichten hervorragend.

ZUBEREITUNG
20 Min.

KOCHZEIT
ca. 25 Min.

ERGIBT CA.
4 Gläser à 350 g

ZUTATEN
1,5 kg Preiselbeeren
1 kg Kristallzucker
Saft von ½ Zitrone

Tipp

Sie können die Preiselbeeren auch mit Roten Johannisbeeren mischen. In diesem Fall lassen Sie das Gelee nur 5 Minuten kochen und lassen außerdem den Zitronensaft weg.

/ Die Preiselbeeren waschen und mit 50 ml Wasser in einen Marmeladentopf geben. Die Beeren bei milder Hitze unter ständigem Rühren in 5–6 Minuten aufplatzen lassen.

/ Die Preiselbeeren durch ein Passiergerät mit feinem Aufsatz passieren und sofort durch ein Sieb filtern, das mit einem Passiertuch ausgelegt ist.

/ Den gewonnen Saft wiegen und in den gespülten und trocken gewischten Marmeladentopf geben. Das gleiche Gewicht an Zucker zugeben. Einen Schuss Zitronensaft hinzufügen.

/ Bei milder Hitze aufkochen, dabei immer wieder umrühren, damit sich der Zucker auflöst. Anschließend bei starker Hitze 10–15 Minuten kochen. Die Gelierprobe machen: Ein Tropfen Gelee sollte auf einem kalten Teller sofort fest werden.

/ Das Gelee in die Gläser füllen. Bis zum nächsten Tag abkühlen lassen, dann die Gläser verschließen.

ENGELWURZ-KONFITÜRE

Die Arzneipflanze Engelwurz wuchs in früheren Klostergärten. In Frankreich wurde sie von den Wikingern eingeführt.

ZUBEREITUNG
Verteilt auf 3 Tage

EINWEICHZEIT
12 Std.

MAZERIERZEIT
12 Std.

KOCHZEIT
ca. 10 Min.

ERGIBT CA.
4 Gläser à 375 g

ZUTATEN
1,5 kg Engelwurzstängel
ca. 1 kg Grießzucker
Saft von 1 Zitrone

Variante

Sie können diese Konfitüre am Ende der Kochzeit mit 100 ml Chartreuse (Kräuterlikör) aromatisieren.

Erster Tag

/ Die Engelwurzstängel waschen und in 5 cm lange Stücke schneiden. In kochendem Wasser 5 Minuten blanchieren, damit sie weicher werden. Anschließend 12 Stunden in kaltem Wasser einweichen.

Zweiter Tag

/ Die Engelwurzstängel abtropfen lassen und wiegen. Die Stängel in einen Marmeladentopf geben und den Zucker im Verhältnis von 800 g pro Kilo abgetropfte Engelwurzstängel zugeben. Mit dem Zitronensaft beträufeln. Den Topf mit einem Küchentuch abdecken und den Inhalt 12 Stunden einweichen (mazerieren) lassen.

Dritter Tag

/ 100 ml Wasser in den Topf gießen, bei starker Hitze aufkochen, dann ca. 10 Minuten bei milderer Hitze unter gelegentlichem Umrühren kochen lassen. Am Ende der Kochzeit den Schaum abschöpfen. Die Konfitüre ist fertig, wenn ein Tropfen auf einem kalten Teller nicht mehr verläuft.

/ Die Konfitüre in die Gläser füllen, diese mit den Schraubdeckeln verschließen und auf den Kopf stellen. Die Gläser erst wieder umdrehen, wenn sie erkaltet sind.

KONFITÜRE AUS SCHWARZEN JOHANNISBEEREN

Ob Sie für diese Konfitüre auch einige Blätter der Schwarzen Johannisbeere mitverwenden wollen, bleibt Ihnen überlassen. Diese verleihen der hochsommerlichen Konfitüre, die auf großzügig mit Butter bestrichenen Scheiben Landbrot übrigens überaus köstlich schmeckt, allerdings viel Aroma.

ZUBEREITUNG
Verteilt auf 2 Tage

RUHEZEIT
12 Std.

KOCHZEIT
ca. 55 Min.

ERGIBT CA.
4 Gläser à 350 g

ZUTATEN
1 kg Schwarze Johannisbeeren
1 Handvoll Schwarze Johannisbeerblätter
1 kg Würfelzucker

Tipp
Ob Würfelzucker oder Kristallzucker: Wichtig ist, dass absolut reiner weißer Zucker verwendet wird. Vermeiden Sie Rohrzucker.

Erster Tag

/ Die Früchte waschen und anschließend mit einer Gabel entstielen.

/ In einem Marmeladentopf 200 ml Wasser und den Zucker aufkochen. Leicht sprudelnd kochen lassen, bis der Sirup eine Temperatur zwischen 109–116 °C erreicht hat (kleiner Ballen). Um dies zu überprüfen, einen kleinen Teelöffel des Sirups in eine Schüssel mit Eiswasser gießen: Sie sollten eine formbare Kugel zwischen den Fingern spüren.

/ Die Schwarzen Johannisbeeren und die Blätter zum Sirup geben. Bei starker Hitze 2 Minuten kochen lassen. Die Mischung in eine große Schüssel gießen. Bis zum nächsten Tag an einem kühlen Ort stehen lassen.

Zweiter Tag

/ Die Blätter der Schwarzen Johannisbeere herausnehmen. Den Sirup filtern, anschließend in einen sauberen Topf gießen. 10 Minuten kochen und reduzieren lassen. Anschließend die gefilterten Beeren zugeben und weitere 20–30 Minuten kochen lassen. Die Gelierprobe machen: Einige Tropfen der Konfitüre sollten auf einem kalten Teller sofort fest werden.

/ Am Ende der Kochzeit den Schaum abschöpfen. Die Konfitüre verrühren, in die Gläser füllen und diese sofort verschließen.

GELEE AUS SCHWARZEN JOHANNISBEEREN

Gelee aus Schwarzen Johannisbeeren gehört zu den schmackhaftesten Gelees und eignet sich für vielfältige Verwendungen. Es schmeckt köstlich auf Butterbrot, verleiht aber auch vielen Desserts ein feines Aroma.

ZUBEREITUNG
30 Min.

KOCHZEIT
30–40 Min.

ERGIBT CA.
4 Gläser à 500 g

ZUTATEN
1,5 kg Schwarze Johannisbeeren
ca. 1 kg Grießzucker

Variante

Sie können bei diesem Gelee pro 500 g Schwarze Johannisbeeren auch 125 g Weiße Johannisbeeren zugeben. Mehr jedoch nicht, sonst wird das Gelee trüb.

/ Die Schwarzen Johannisbeeren unter fließendem Wasser waschen und anschließend mit einer Gabel entstielen.

/ Die Beeren in einen Topf geben und 250 ml Wasser zugießen. Bei starker Hitze kochen lassen, bis die Beeren aufzuplatzen beginnen.

/ Ein mit einem Passiertuch ausgelegtes Sieb über eine Schüssel hängen. Den Saft durchlaufen lassen, dabei keinen Druck auf die Früchte ausüben, damit er klar bleibt. Den Saft abwiegen.

/ Das gleiche Gewicht an Zucker zusammen mit 250 ml Wasser in einen Marmeladentopf geben. Bei milder Hitze erhitzen, dabei mit einem Holzlöffel rühren, damit sich der Zucker besser auflöst. Den Sirup anschließend kochen, bis er sich mit kleinen Bläschen bedeckt.

/ Den Schwarzen Johannisbeersaft zugeben. Sofort nach dem Aufkochen den Schaum abschöpfen und unter gelegentlichem Rühren kochen lassen, bis das Gelee auf dem Löffelrücken einen Film bildet. Am Ende der Kochzeit erneut den Schaum abschöpfen.

/ Das Gelee in die Gläser füllen, diese mit Schraubdeckeln verschließen und auf den Kopf stellen. Erkalten lassen, dann erst wieder umdrehen.

GELEE AUS SCHWARZEN JOHANNISBEEREN

ohne Kochen

Dieses Gelee aus Schwarzen Johannisbeeren ist besonders aromatisch, da bei diesem Verfahren Geschmack und Aroma der Beeren komplett erhalten bleiben. Als einzige Vorsichtsmaßnahme ist daran zu denken, das Gelee in kleine Gläser abzufüllen und nicht länger als 6 Monate aufzubewahren.

ZUBEREITUNG
30 Min.

ERGIBT CA.
5 Gläser à 250 g

ZUTATEN
500 g Schwarze Johannisbeeren
1 kg Puderzucker

Tipp

Nehmen Sie für dieses Rezept keine zu reifen Schwarzen Johannisbeeren, da überreife Beeren weniger Pektin enthalten, das nötig ist, damit das Gelee fest wird.

/ Die Schwarzen Johannisbeeren waschen, ohne sie zu entstielen. In eine Schüssel geben und mit einem Holzstößel zerdrücken.

/ Die zerdrückten Beeren in ein dünnes Geschirrtuch geben und auspressen, um den Saft zu gewinnen. Den Saft filtern und anschließend wiegen.

/ Den Schwarzen Johannisbeersaft in die Schüssel gießen und den Zucker nach und nach zugeben. Mit jeder neuen Zugabe warten, bis die vorherige Portion gut eingearbeitet ist, wie bei der Zubereitung einer Mayonnaise. Hierfür sind ca. 15 Minuten einzuplanen. Die Masse soll eine gewisse Konsistenz annehmen.

/ Das Gelee in die Gläser füllen. Die Gläser mit Gaze abdecken und einen Tag in die Sonne stellen, falls das Wetter es zulässt. Ansonsten an einen gut belüfteten Ort stellen.

/ Am nächsten Tag die Gläser mit dem Gelee den ganzen Tag in einen Luftzug stellen, dabei darauf achten, sie nicht zu schütteln. Anschließend die Gläser mit den Schraubdeckeln verschließen und an einem kühlen Ort aufbewahren.

GELEE AUS SCHWARZEN JOHANNISBEEREN

und Stachelbeeren

Schwarzes Johannisbeer-Gelee hat die Besonderheit, sehr fest zu sein. Daher werden die Schwarzen Johannisbeeren mit Stachelbeeren gemischt, die außerdem für eine sehr kurze Kochzeit sorgen.

ZUBEREITUNG
20 Min.

KOCHZEIT
ca. 10 Min.

ERGIBT CA.
5 Gläser à 350 g

ZUTATEN
500 g Schwarze Johannisbeeren
1 kg Stachelbeeren
750 g–1 kg Kristallzucker

Tipp

Um Zeit zu sparen, können Sie die Schwarzen Johannisbeeren und die Stachelbeeren direkt in die Zentrifuge geben.

/ Die Schwarzen Johannisbeerrispen und die Stachelbeeren waschen. Die Beeren mit 50 ml Wasser in einen Marmeladentopf geben. Die Beeren bei schwacher Hitze durch Drücken mit einem Schaumlöffel platzen lassen. Den Saft durch ein Geschirrtuch oder ein feines Sieb filtern.

/ Den Saft wiegen. Das gleiche Gewicht an Zucker abwiegen. Den Zucker und den Saft zusammen in den Marmeladentopf geben. Bei milder Hitze aufkochen, bis sich der Zucker aufgelöst hat.

/ Die Mischung anschließend bei starker Hitze 3 Minuten kochen lassen. Die Gelierprobe machen: Einige Tropfen Gelee sollten auf einem kalten Teller sofort fest werden. Bei Bedarf die Kochzeit um 2–3 Minuten verlängern.

/ Am Ende der Kochzeit den Schaum abschöpfen und das Gelee in Gläser füllen. Abkühlen lassen. Die Gläser erst am nächsten Tag verschließen.

FEIGEN-KONFITÜRE

Feigen enthalten wenig Pektin, daher muss Zitronensaft zugesetzt werden, der die zum Gelieren nötige Säure liefert. Um das Aroma dieser Konfitüre zu verstärken, können Sie zu Beginn des Kochvorgangs einige Feigenblätter zugeben, die Sie wie eine Zigarre aufrollen und wie ein Kräutersträußchen binden.

ZUBEREITUNG
20 Min.

KOCHZEIT
ca. 1 Std. 20 Min.

ERGIBT CA.
5 Gläser à 350 g

ZUTATEN
1 kg violette Feigen
1 kg Würfelzucker
2 unbehandelte Zitronen

/ Die Feigen waschen und abtrocknen. Die Früchte vierteln. Die Zitronen waschen, trocken tupfen, die Schale fein abreiben und den Saft auspressen.

/ 200 ml Wasser mit dem Zucker in einem Marmeladentopf aufkochen. Den Sirup kochen, bis er eine Temperatur zwischen 109–116 °C erreicht hat (kleiner Ballen). Wenn Sie kein Zuckerthermometer haben, geben Sie einen Teelöffel Sirup in eine Schüssel mit Eiswasser: Sie sollten nun zwischen den Fingern eine formbare Kugel fühlen.

/ Die Feigen, die Zitronenschale und den Zitronensaft in den Marmeladentopf geben. Alles mischen. Bei milder Hitze ca. 1 Stunde kochen lassen. Die Gelierprobe machen: Einige Tropfen Konfitüre sollten auf einem kalten Teller langsam verlaufen.

/ Am Ende der Kochzeit den Schaum abschöpfen. Die Konfitüre verrühren, dann in die Gläser füllen. Komplett abkühlen lassen und die Gläser vorzugsweise mit Paraffin verschließen. Die Konfitüre an einem sehr trockenen Ort aufbewahren, da sie leicht zu gären beginnt.

GRÜNE-FEIGEN-KONFITÜRE
mit Vanille

Die Feige eignet sich ausgezeichnet für Konfitüren und verbindet sich gut mit Vanille. Wählen Sie für dieses Rezept saftige Feigen mit dünner Schale.

ZUBEREITUNG
25 Min.

KOCHZEIT
ca. 55 Min.

ERGIBT CA.
6 Gläser à 375 g

ZUTATEN
1,5 kg grüne Feigen
1 kg Grießzucker
1 EL Vanillepulver
Saft von 1 Zitrone

Tipp
Sollte Ihnen die Schale der Feigen dick erscheinen, ziehen Sie die grüne Außenhaut ab, lassen aber die weiße Schicht an den Früchten, damit diese während des Kochens ganz bleiben.

/ Die Feigen waschen und in einem Geschirrtuch vorsichtig abtrocknen. Das Stielende abschneiden.

/ Den Zucker und 250 ml Wasser in einen Marmeladentopf geben. Unter Rühren aufkochen, damit sich der Zucker leichter auflöst, dann den Sirup bis zum Stadium „schwacher Flug“ kochen lassen. Sie erkennen dieses Stadium daran, dass sich Perlen bilden, wenn Sie durch einen zuvor in den Sirup getauchten Schaumlöffel blasen.

/ Das Vanillepulver und den Zitronensaft unter den Sirup mischen, anschließend die Feigen in die Mischung legen. Ca. 45 Minuten unter gelegentlichem, vorsichtigem Umrühren kochen lassen. Am Ende der Kochzeit den Schaum abschöpfen. Die Konfitüre ist fertig, wenn die Feigen durchscheinend geworden sind und ein Tropfen Sirup, den man auf einen kalten Teller tropfen lässt, nicht mehr verläuft.

/ Die Feigen auf die Gläser verteilen und mit Sirup auffüllen. Die Gläser mit Schraubdeckeln verschließen und auf den Kopf stellen. Erkalten lassen, dann erst wieder umdrehen.

HIMBEER-KONFITÜRE

Probieren Sie dieses Rezept mit sehr reifen Gartenhimbeeren oder kleinen wilden Himbeeren, die in den Bergen gepflückt werden. Die schnelle Zubereitung und die Qualität dieser Konfitüre werden alle Leckermäulchen begeistern.

ZUBEREITUNG
15 Min.

KOCHZEIT
ca. 10 Min.

ERGIBT CA.
4 Gläser à 350 g

ZUTATEN
1 kg Himbeeren
1 kg Kristallzucker
Saft von ½ Zitrone

Tipp
Sollte sich zu viel Schaum bilden, rühren Sie am Ende der Kochzeit ein kleines Stückchen frische Butter unter die Konfitüre: Der Schaum verschwindet wie von Zauberhand!

/ Die Himbeeren in eine große Schüssel geben und mit einem Pürierstab rasch zerkleinern.

/ Das Himbeerpüree in einen Marmeladentopf umfüllen. Aufkochen. Nun den Kristallzucker und den Zitronensaft zugeben. Bei starker Hitze 6–7 Minuten kochen, dabei mehrmals umrühren. Die Gelierprobe machen: Einige Tropfen Konfitüre sollten auf einem kalten Teller langsam verlaufen.

/ Am Ende der Kochzeit den Schaum abschöpfen. Die Konfitüre verrühren, in die Gläser füllen und diese sofort verschließen.

SOMMER

HIMBEER-GELEE

Füllen Sie den Sommer mit diesem sehr aromatischen Gelee in Gläser ab! Damit das Gelee schön klar bleibt, die Himbeeren beim Kochen nicht zerdrücken, sondern den Saft langsam herauslaufen lassen. Wenn eine kräftigere Farbe erwünscht ist, mit einem Löffelrücken ganz leicht auf die Früchte drücken.

ZUBEREITUNG
15 Min.

KOCHZEIT
ca. 30 Min.

ERGIBT CA.
3 Gläser à 350 g

ZUTATEN
1 kg Himbeeren
1 kg Würfelzucker
Saft von ½ Zitrone

Tipp

Die Himbeeren verlesen, um beschädigte Früchte auszusortieren, aber nach Möglichkeit nicht waschen, um ihr Aroma zu erhalten.

/ 250 ml Wasser in einen Marmeladentopf gießen. Den Zucker und einen Schuss Zitronensaft zugeben. Aufkochen lassen. Den Sirup kochen, bis er eine Temperatur zwischen 109–116 °C erreicht hat (kleiner Ballen). Wenn Sie kein Zuckerthermometer haben, geben Sie einen Teelöffel Sirup in eine Schüssel mit kaltem Wasser: Sie sollten eine formbare kleine Kugel zwischen den Fingern fühlen.

/ Die Himbeeren mit in den Topf geben. Bei starker Hitze 12–15 Minuten kochen lassen, dabei die Früchte mit einem Schaumlöffel höchstens leicht zerdrücken. Die Gelierprobe machen: Einige Tropfen Gelee sollten auf einem kalten Teller sofort fest werden.

/ Das Gelee mithilfe einer Schöpfkelle durch ein feines Sieb filtern, das über einer kurz mit kochendem Wasser ausgespülten und abgetrockneten Schüssel hängt. Das Gelee in die Gläser füllen und abkühlen lassen. Die Gläser erst am nächsten Tag verschließen.

HIMBEER-GELEE
mit Zitronenzesten

Wilde Himbeeren gibt es seit Urzeiten. Die ersten in Frankreich angebauten Himbeeren wurden nach den Kreuzzügen aus der Türkei mitgebracht. Man fand sie in der Umgebung des Ida-Gebirges.

ZUBEREITUNG
30 Min.

KOCHZEIT
15–20 Min.

ERGIBT CA.
6 Gläser à 350 g

ZUTATEN
2 unbehandelte Zitronen mit dünner Schale
1 kg Himbeeren
ca. 500 g Grießzucker

Tipp
Falls Ihre Küchenmaschine keine Zentrifuge besitzt, passieren Sie die Himbeeren mit dem feinsten Aufsatz eines Passiergerätes.

/ Die Zitronen waschen und abtrocknen. Die Zesten mit einem Sparschäler in dünnen Streifen abziehen. Dabei darauf achten, die weiße Haut nicht zu beschädigen. Die Zitronen auspressen.

/ Die Zesten 5 Minuten in kochendem Wasser blanchieren, dann gründlich abtropfen lassen.

/ Die Himbeeren durch die Zentrifuge passieren. Das gewonnene Fruchtmark durch ein mit einem Passiertuch ausgelegtes Sieb filtern. Den Himbeersaft wiegen.

/ Den Saft in einen Marmeladentopf gießen und den Zucker im Verhältnis von 375 g pro Liter Saft zugeben. Die Zesten und den Zitronensaft zufügen.

/ Bei starker Hitze aufkochen, dann 15–20 Minuten kochen lassen, dabei mehrmals umrühren und am Ende der Kochzeit den Schaum abschöpfen. Das Gelee ist fertig, wenn ein Tropfen davon auf einem kalten Teller nicht mehr verläuft.

/ Das Gelee in die Gläser füllen, mit Schraubdeckeln verschließen und die Gläser auf den Kopf stellen. Erkalten lassen, dann erst wieder umdrehen.

JOHANNISBEER-GELEE

schnell zubereitet

Für dieses ausgezeichnete Gelee gibt es zwei verschiedene Kochzeiten (ohne Zwischenstufen): Wenn Sie die Kochzeit von 3 Minuten überschreiten, müssen Sie das Gelee 30 Minuten kochen. Es handelt sich dabei um eines der zahlreichen Geheimnisse der Koch-Alchemie.

ZUBEREITUNG
20 Min.

KOCHZEIT
10 Min. + 3 Min.
(oder 30 Min.!)

ERGIBT CA.
4 Gläser à 350 g

ZUTATEN
1 kg Rote Johannisbeeren
1 kg Weiße Johannisbeeren
ca. 1 kg Kristallzucker

Tipp

Sie können die Johannisbeeren nach dem Aufplatzen auch über Nacht in einem Sieb (nicht aus Metall) abtropfen lassen. Das Filtern wird dadurch überflüssig und das Ergebnis ist identisch.

/ Die Johannisbeeren waschen, aber nicht entstielen. Die Beeren mit 50 ml Wasser in einen Marmeladentopf geben. Bei milder Hitze 8–10 Minuten durch Drücken mit einem Schaumlöffel aufplatzen lassen.

/ Die Johannisbeeren durch ein Passiergerät mit feinem Aufsatz passieren. Den gewonnenen Saft durch ein Sieb filtern, das mit einem feuchten Geschirrtuch ausgelegt ist. Den Johannisbeersaft wiegen und dasselbe Gewicht an Zucker abwiegen.

/ Den Johannisbeersaft in den ausgespülten und getrockneten Marmeladentopf zurückgießen. Den Zucker zugeben. Unter häufigem Rühren bei milder Hitze aufkochen.

/ Ab dem Moment, in dem die Masse kocht, genau 3 Minuten kochen lassen. Wird diese Zeit überschritten, muss das Gelee 30 Minuten gekocht werden. Die Gelierprobe machen: Einige Tropfen Gelee sollten auf einem kalten Teller sofort fest werden.

/ Am Ende der Kochzeit den Schaum abschöpfen und das Gelee in die Gläser füllen. Diese erst am nächsten Tag verschließen.

JOHANNISBEER-GELEE
ohne Kochen

Dieses Gelee ohne Kochen ist kinderleicht zubereitet. Es braucht jedoch Geduld, denn die Gläser müssen mindestens 48 Stunden in der Sonne stehen, bevor man diesen scharlachroten Nektar genießen kann.

ZUBEREITUNG
Verteilt auf mehrere Tage

RUHEZEIT
48 Std. + 2–3 Tage

ERGIBT CA.
5 Gläser à 250 g

ZUTATEN
1,5 kg rote Johannisbeeren
ca. 1 kg Puderzucker

Tipp
Dieses Johannisbeergelee hält mehrere Monate, sofern es an einem trockenen und gut belüfteten Ort aufbewahrt wird.

Erster Tag

/ Die Johannisbeeren waschen und mit den Stielen in die Zentrifuge geben. Falls Sie keine haben, zerdrücken Sie sie rasch in der Küchenmaschine und passieren Sie sie durch ein Passiergerät mit feinem Aufsatz. Den gewonnenen Saft filtern und wiegen. Dasselbe Gewicht an Puderzucker abwiegen.

/ Den Johannisbeersaft in eine Schüssel gießen. Unter ständigem Rühren nach und nach den Puderzucker zugeben. Wenn der gesamte Zucker eingerührt ist, noch 8–10 Minuten weiterrühren, damit sich der Zucker gut auflöst.

/ Die flüssige Masse in die Gläser füllen. Die offenen Gläser 48 Stunden an einen trockenen und gut belüfteten Ort stellen. Das Gelee wird nur leicht fest, es wackelt noch.

Zweiter Tag

/ Die Gläser verschließen und 2–3 Tage in die Sonne stellen.

JOHANNISBEER-GELEE

mit Himbeeren

Die Kombination von Johannisbeeren und Himbeeren ergibt ein sehr feines Gelee. Für einen noch delikateren Geschmack mischen Sie Rote und Weiße Johannisbeeren: In diesem Fall verwenden Sie 1 Kilo Rote und 500 g Weiße Johannisbeeren.

ZUBEREITUNG
15 Min.

KOCHZEIT
ca. 40 Min.

ERGIBT CA.
4 Gläser à 350 g

ZUTATEN
1,5 kg Johannisbeeren
500 g Himbeeren
2 kg Kristallzucker

Tipp
Stellen Sie für die Gelierprobe einen kleinen Teller einige Minuten ins Eisfach, damit er schön kalt wird.

/ Die Johannisbeeren waschen und trocken tupfen. Entstielen ist nicht nötig. Vermeiden Sie es, die Himbeeren zu waschen, damit sie ihr Aroma behalten.

/ 40 ml Wasser mit dem Zucker in einem Marmeladentopf aufkochen. So lange kochen lassen, bis an der Oberfläche des Sirups große Blasen zerplatzen.

/ Die Himbeeren und die Johannisbeeren zugeben. Bei starker Hitze 25–30 Minuten ohne zu rühren kochen lassen. Die Gelierprobe machen: Einige Tropfen Gelee sollten auf einem kalten Teller sofort fest werden.

/ Am Ende der Kochzeit den Schaum abschöpfen. Das Gelee mithilfe einer Schöpfkelle durch ein feines Sieb filtern, das über einer Schüssel hängt.

/ Das heiße Gelee in die Gläser füllen. Die Gläser erst am nächsten Tag verschließen.

SOMMER

JOHANNISBEER-GELEE

mit Zitronenzesten

Damit dieses Gelee klar bleibt, wird es ausschließlich mit Weißen Johannisbeeren zubereitet.

ZUBEREITUNG
30 Min.

KOCHZEIT
ca. 20 Min.

ERGIBT CA.
4 Gläser à 350 g

ZUTATEN
1,5 kg Weiße Johannisbeeren
1 unbehandelte Zitrone
ca. 1 kg Grießzucker

Tipp

Es empfiehlt sich, die Zitronenzesten 5 Minuten in kochendem Wasser zu blanchieren, bevor sie zu dem Gelee hinzugefügt werden.

/ Die Johannisbeeren waschen und entstielen. In einen Topf geben, 100 ml Wasser zugießen und aufkochen. Ca. 5 Minuten kochen lassen, bis die Beeren aufplatzen.

/ Das gewonnene Johannisbeermark über einer Schüssel durch ein Sieb filtern, das mit einem Passiertuch ausgelegt ist. Den Saft abtropfen lassen, ohne die Beeren zu pressen. Den Saft abmessen und in einen Marmeladentopf gießen.

/ Die Zitronenzesten mit einem Sparschäler in dünnen Streifen abziehen und die Zitrone auspressen. Den Saft und die Zesten in den Topf geben und aufkochen. Anschließend 800 g Zucker pro Liter Johannisbeersaft zugeben. Von Zeit zu Zeit mit einem Holzlöffel umrühren, damit sich der Zucker leichter auflöst.

/ Wieder aufkochen lassen, dann ca. 10 Minuten bei starker Hitze kochen. Am Ende der Kochzeit den Schaum abschöpfen. Das Gelee ist fertig, wenn ein Tropfen davon auf einem kalten Teller nicht mehr verläuft.

/ Das Gelee in die Gläser füllen, diese mit Schraubdeckeln verschließen und auf den Kopf stellen. Erkalten lassen, dann erst wieder umdrehen.

STACHELBEER-GELEE

Die Stachelbeere ist ein dorniger Strauch. Im Gegensatz zu den anderen Stachelbeergewächsen wachsen ihre Beeren nicht in Trauben. Pflücken Sie Stachelbeeren immer bei trockenem Wetter, denn feucht gären oder schimmeln sie sehr schnell.

ZUBEREITUNG
25 Min.

KOCHZEIT
ca. 20 Min.

ERGIBT CA.
5 Gläser à 350 g

ZUTATEN
1 kg nicht zu reife Stachelbeeren
200 g Himbeeren
ca. 800 g Grießzucker

Tipp
Um Zeit zu sparen können die Beeren mit dem Rücken eines Holzlöffels ausgepresst werden, um den Saft zu gewinnen.

/ Die Stachelbeeren waschen und entstielen. Die Himbeeren verlesen und beschädigte Früchte aussondern. Die Stachelbeeren und die Himbeeren in einen Marmeladentopf geben und 300 ml Wasser zugießen. Aufkochen und so lange kochen lassen, bis die Beeren aufplatzen.

/ Den Saft durch ein Sieb filtern, das mit einem Passiertuch ausgelegt ist; den Saft dabei abtropfen lassen, ohne die Beeren zu pressen, damit er klar bleibt.

/ Den gewonnenen Saft abmessen, in den Marmeladentopf gießen und aufkochen. Den Zucker im Verhältnis 750 g pro Liter Saft zugeben und vermischen. Bei starker Hitze unter gelegentlichem Umrühren 15 Minuten kochen lassen. Am Ende der Kochzeit den Schaum abschöpfen. Ein Tropfen Gelee sollte auf einem kalten Teller nicht mehr verlaufen.

/ Das Gelee in die Gläser füllen, diese mit Schraubdeckeln verschließen und auf den Kopf stellen. Erkalten lassen, dann erst wieder umdrehen.

WEISSES-JOHANNISBEER-GELEE

mit Zitronenzesten

Für dieses Rezept sollten die Früchte zu voller Reife gelangt sein: Kosten Sie vor dem Pflücken eine Beere, um sich von deren Reife zu überzeugen.

ZUBEREITUNG
30 Min.

KOCHZEIT
15 Min.

ERGIBT CA.
4 Gläser à 350 g

ZUTATEN
3 unbehandelte Zitronen
1,5 kg Weiße Johannisbeeren
ca. 1 kg Grießzucker

Tipp
Während des Abkühlens die Gläser von Zeit zu Zeit schütteln, damit sich die Zesten gut verteilen.

/ Die Zitronenzesten mit einem Sparschäler in dünnen Streifen abziehen. Dabei darauf achten, die weiße Haut nicht zu beschädigen. Die Zesten in einen Topf mit kochendem Wasser geben und 5 Minuten kochen lassen. Auf einem Geschirrtuch abtropfen lassen.

/ Die Johannisbeeren waschen und entstielen. Die Beeren mit 100 ml Wasser in einen Topf geben. Aufkochen und bei milder Hitze kochen lassen, bis die Beeren aufplatzen.

/ Das Johannisbeermark durch ein Sieb filtern, das mit einem Passiertuch ausgelegt ist. Dabei leicht mit einem Schaumlöffel auspressen, um möglichst viel Saft zu gewinnen.

/ Den Johannisbeersaft abmessen und in einen Marmeladentopf gießen. Den Zucker im Verhältnis von 800 g pro Liter Saft zugeben. Aufkochen und unter gelegentlichem Umrühren 8 Minuten kochen lassen. Am Ende der Kochzeit den Schaum abschöpfen.

/ Die Zitronenzesten mit in den Topf geben. Mischen und weitere 2 Minuten kochen lassen. Ein Tropfen Gelee sollte auf einem kalten Teller nicht mehr verlaufen.

/ Das Gelee in die Gläser füllen, diese mit Schraubdeckeln verschließen und auf den Kopf stellen. Erkalten lassen, dann erst wieder umdrehen.

MANGO-APRIKOSEN-KONFITÜRE

Die Mango ist eine sehr beliebte exotische Frucht.
In diesem Rezept wird sie mit Aprikosen kombiniert, die bei uns schon vor langer Zeit eingeführt wurden.

ZUBEREITUNG
Verteilt auf 2 Tage

MAZERIERZEIT
12 Std.

KOCHZEIT
ca. 15 Min.

ERGIBT CA.
4 Gläser à 500 g

ZUTATEN
1 schöne reife, aber feste Mango
1 kg reife Aprikosen
1 kg Grießzucker
5 cm frischer Ingwer
Saft von 1 Zitrone

Variante

Die frische Mango kann durch 250 ml Mango-Coulis ersetzt werden.

Erster Tag

/ Die Mango schälen und das Fruchtfleisch in feine Lamellen schneiden, dabei den austretenden Saft auffangen. Die Aprikosen waschen, trocken tupfen und halbieren. Die Steine herausnehmen.

/ Die Früchte und den Mangosaft in einen Marmeladentopf geben. Den Zucker auf den Früchten verteilen, den Topf mit einem Geschirrtuch abdecken und 12 Stunden einweichen (mazerieren) lassen.

Zweiter Tag

/ Den Ingwer schälen, fein reiben und mit dem Zitronensaft in den Marmeladentopf geben. Gut mischen.

/ Den Inhalt des Marmeladentopfes bei starker Hitze aufkochen. Ca. 15 Minuten unter gelegentlichem Umrühren kochen lassen. Am Ende der Kochzeit den Schaum abschöpfen. Ein Tropfen Konfitüre sollte auf einem kalten Teller nicht mehr verlaufen.

/ Die Konfitüre in die Gläser füllen, diese mit Schraubdeckeln verschließen und auf den Kopf stellen. Erkalten lassen, dann erst wieder umdrehen.

MANGO-KONFITÜRE

mit Kokosnuss

Die Kokosnuss ist die Frucht eines Baumes aus der Familie der Palmen. Sie ist eines der Geschenke, die Marco Polo bei seiner Rückkehr aus dem Orient nach Europa mitbrachte. Die erste nach Paris gelangte Kokosnuss wurde der Académie française 1674 von Charles Perrault präsentiert.

ZUBEREITUNG
Verteilt auf 2 Tage

MAZERIERZEIT
12 Std.

KOCHZEIT
15–20 Min.

ERGIBT CA.
4 Gläser à 375 g

ZUTATEN
2 Kokosnüsse
2 reife, aber feste Mangos
700 g Grießzucker

Tipp
Eine Kokosnuss muss schwer sein, denn das zeigt, dass sie viel Kokoswasser enthält.

Erster Tag

/ Mit einem Drillbohrer 3 Löcher in die „Augen" der Kokosnuss bohren und das Kokoswasser auffangen. Die Kokosnuss mit einem Hammer aufbrechen, das Fruchtfleisch von der Rinde lösen und die braune Haut mit einem Sparschäler abziehen. Anschließend das Fruchtfleisch mit dem Sparschäler zu Spänen zerkleinern. Die Mangos schälen, den Kern herausnehmen und das Fruchtfleisch klein würfeln.

/ Die Kokosspäne und das Kokoswasser zusammen mit den Mangowürfeln in einen Marmeladentopf geben. Den Zucker darauf verteilen, den Topf mit einem Geschirrtuch abdecken und 12 Stunden einweichen (mazerieren) lassen.

Zweiter Tag

/ Den Inhalt des Marmeladentopfes bei starker Hitze aufkochen. 15–20 Minuten bei schwacher Hitze unter häufigem Umrühren kochen lassen. Am Ende der Kochzeit den Schaum abschöpfen. Die Konfitüre ist fertig, wenn die Früchte durchscheinend sind und ein Tropfen Konfitüre auf einem kalten Teller nicht mehr verläuft.

/ Die Konfitüre in die Gläser füllen, diese mit Schraubdeckeln verschließen und auf den Kopf stellen. Erkalten lassen, dann erst wieder umdrehen.

MANGO-MARMELADE

mit Limetten

Die Limette wurde von den Kreuzrittern nach Frankreich und Italien mitgebracht.

ZUBEREITUNG
25 Min.

MAZERIERZEIT
6 Std.

KOCHZEIT
ca. 25 Min.

ERGIBT CA.
4 Gläser à 500 g

ZUTATEN
6 reife, aber feste Mangos
3 Limetten
1 kg Grießzucker

/ Die Mangos schälen und entsteinen. In Lamellen schneiden, dabei den austretenden Saft auffangen. Die Limetten auspressen.

/ Die Mangos und den Limettensaft in einen Marmeladentopf geben. Den Zucker darauf verteilen, den Topf mit einem Geschirrtuch abdecken und 6 Stunden einweichen (mazerieren) lassen.

/ Nach Ablauf dieser Zeit den Topfinhalt bei mittlerer Hitze aufkochen und ca. 25 Minuten kochen lassen, dabei von Zeit zu Zeit umrühren und den Schaum abschöpfen. Die Marmelade ist fertig, wenn ein Tropfen auf einem kalten Teller nicht mehr verläuft.

/ Die Marmelade in die Gläser füllen, diese mit Schraubdeckeln verschließen und auf den Kopf stellen. Erkalten lassen, dann erst wieder umdrehen.

Variante

Vor der Mazerierzeit können Sie zwei der Länge nach aufgeschlitzte Vanilleschoten mit in die Marmelade geben. Diese nach der Mazerierzeit wieder entfernen.

SOMMER

MELONEN-KONFITÜRE

mit Himbeeren

Wählen Sie wirklich reife, schwere und feste Melonen, verlassen Sie sich dabei auf Ihre Nase: Die Melone verströmt zum richtigen Zeitpunkt ihr Aroma. Diese Konfitüre schmeckt „natur" lecker, kann aber am Ende der Kochzeit auch mit einem Schuss Muscat de Beaumes-de-Venise (Süßwein) und einem Hauch Vanille aromatisiert werden.

ZUBEREITUNG
20 Min.

KOCHZEIT
ca. 55 Min.

ERGIBT CA.
4 Gläser à 350 g

ZUTATEN
750 g Melone (geschält und entkernt)
250 g Himbeeren
750 g Kristallzucker
1 unbehandelte Zitrone

Tipp
Diese Konfitüre produziert gerne sehr viel Schaum. Bei Bedarf am Ende der Kochzeit ein kleines Stückchen frische Butter unter die Konfitüre rühren: Der Schaum verschwindet wie von Zauberhand.

/ Die Zitronenzesten abziehen und in feine Streifen schneiden. Die Zitrone auspressen. Die Zesten kurz in kochendes Wasser legen, dann abschrecken und abtropfen lassen.

/ Das Melonenfruchtfleisch klein schneiden.

/ In einem Marmeladentopf 150 ml Wasser mit dem Zucker, den Zitronenzesten und dem Zitronensaft aufkochen. Die Melonenstücke zugeben. Bei milder Hitze unter häufigem Umrühren 30 Minuten kochen lassen.

/ Nun die Himbeeren zugeben. Weitere 15–20 Minuten kochen lassen. Die Gelierprobe machen: Einige Tropfen der Konfitüre sollten auf einem kalten Teller sofort fest werden.

/ Am Ende der Kochzeit den Schaum abschöpfen und die Konfitüre ein letztes Mal verrühren. In die Gläser füllen und diese sofort verschließen.

MELONEN-KONFITÜRE

mit Kirschwasser und Engelwurz

Die Melonensorte Cantaloupe wurde bereits um 1700 auf dem päpstlichen Landgut in Cantalupo angebaut, dem sie ihren Namen verdankt.

ZUBEREITUNG
20 Min.

MAZERIERZEIT
6 Std.

KOCHZEIT
ca. 15 Min.

ERGIBT CA.
4 Gläser à 375 g

ZUTATEN
2 kg Melone
ca. 500 g Grießzucker
50 g kandierte Engelwurzstängel
50 g kandierte Zitrone
100 ml Kirschwasser

Tipp
Wählen Sie Melonen, deren Fruchtfleisch noch etwas fest ist.

/ Die Melonen halbieren, die Kerne entfernen und das Fruchtfleisch klein schneiden.

/ Das Melonen-Fruchtfleisch abwiegen, in einen Marmeladentopf geben und den Zucker im Verhältnis von 500 g pro Kilo Fruchtfleisch zugeben. Den Topf mit einem Geschirrtuch abdecken und 6 Stunden einweichen (mazerieren) lassen.

/ Nach Ablauf dieser Zeit die kandierten Engelwurzstängel und die kandierte Zitrone in kleine Stücke schneiden und beiseitestellen.

/ Den Topfinhalt bei milder Hitze aufkochen und ca. 15 Minuten unter gelegentlichem Umrühren kochen lassen. Am Ende der Kochzeit den Schaum abschöpfen. Die Konfitüre ist fertig, wenn das Fruchtfleisch durchscheinend ist und ein Tropfen Sirup auf einem kalten Teller nicht mehr verläuft. Nun die Zitrone, die Engelwurzstängel und das Kirschwasser zugeben, mischen und mehrmals aufwallen lassen.

/ Die Konfitüre in die Gläser füllen, mit den Schraubdeckeln verschließen und auf den Kopf stellen. Erkalten lassen, dann erst wieder umdrehen.

MELONEN-KONFITÜRE

mit weißem Rum

Diese Konfitüre ist eine Spezialität aus Südfrankreich, wo es Melonen im Überfluss gibt. Die Melone wurde wahrscheinlich zu Beginn des christlichen Zeitalters in Europa eingeführt. Seither wird sie in großem Umfang in allen europäischen Ländern des Mittelmeerraums angebaut.

ZUBEREITUNG
Verteilt auf 2 Tage

MAZERIERZEIT
12 Std.

KOCHZEIT
ca. 15 Min.

ERGIBT CA.
4 Gläser à 500 g

ZUTATEN
2 kg Melone
ca. 500 g Grießzucker
Saft von 1 Zitrone
100 ml weißer Rum

Variante

Ein altes Rezept empfiehlt, am Anfang der Kochzeit einige gemahlene Melonenkerne zu dieser Konfitüre hinzuzufügen, um ihr ein leicht bitteres Aroma zu verleihen.

Erster Tag

/ Die Melonen halbieren und die Kerne entfernen. Das Fruchtfleisch mit einem Teelöffel herausholen, abwiegen und in einen Marmeladentopf geben. Den Zucker im Verhältnis von 500 g pro Kilo Fruchtfleisch darüber verteilen. Den Topf mit einem Geschirrtuch abdecken und an einem kühlen Ort 12 Stunden einweichen (mazerieren) lassen.

Zweiter Tag

/ Den Topfinhalt bei milder Hitze aufkochen. Anschließend ca. 15 Minuten unter gelegentlichem Umrühren kochen lassen. Am Ende der Kochzeit den Schaum abschöpfen. Das Fruchtfleisch soll durchscheinend werden und ein Tropfen Sirup sollte auf einem kalten Teller nicht mehr verlaufen. Nun den Zitronensaft und den Rum zugießen, mischen und mehrmals aufwallen lassen.

/ Die Konfitüre in die Gläser füllen, diese mit Schraubdeckeln verschließen und auf den Kopf stellen. Erkalten lassen, dann erst wieder umdrehen.

GELÉES DE FRUITS
369
heure ou trois quarts d'heure, retirez du feu, puis
laissez réduire le sirop sur le feu pour qu'il épais-
sisse un peu. Versez après sur les pruneaux.
Cerises sèches ou cerisettes. — Les cerisettes se
préparent et se font cuire comme les pruneaux (voy.
dessus), mais on ne met pas de laurier dans les

MELONEN-VANILLE-KONFITÜRE

süßsauer

Die Vanilleschote ist die Frucht einer aus Mexiko stammenden Kletterorchidee.

ZUBEREITUNG
20 Min.

KOCHZEIT
ca. 25 Min.

ERGIBT CA.
4 Gläser à 375 g

ZUTATEN
2 kg Melonen
1 Vanilleschote
750 g Grießzucker
150 ml Weißweinessig

Tipp

Da Essig und Kupfer sich schlecht vertragen, sollten Sie für das Kochen dieser Konfitüre einen Edelstahltopf verwenden.

/ Die Melonen halbieren, die Kerne mit einem Teelöffel entfernen und das Fruchtfleisch klein würfeln. Die Vanilleschote der Länge nach aufschneiden.

/ Den Zucker und den Essig in einen großen Topf mit schwerem Boden gießen. Unter Rühren aufkochen, damit sich der Zucker leichter auflöst. Dann bis zur Konsistenz „schwacher Faden" kochen lassen. Diese Konsistenz ist erreicht, wenn sich größere Blasen bilden und etwas Sirup, den man zwischen Daumen und Zeigefinger nimmt, Fäden bildet, sobald man die Finger auseinanderzieht.

/ Nun die Vanilleschote und die Melonenwürfel zugeben und nach erneutem Aufkochen ca. 15 Minuten kochen lassen. Die Gelierprobe machen: Ein Tropfen Sirup sollte auf einem kalten Teller nicht mehr verlaufen.

/ Die Vanilleschote herausnehmen, die Konfitüre in die Gläser füllen, diese mit Schraubdeckeln verschließen und auf den Kopf stellen. Erkalten lassen, dann erst wieder umdrehen.

MELONEN-MARMELADE

mit Zitronen

Die Süße der Melone und die Säure der Zitrone – eine köstliche Verbindung.

ZUBEREITUNG
25 Min.

MAZERIERZEIT
6 Std.

KOCHZEIT
15 Min.

ERGIBT CA.
4 Gläser à 375 g

ZUTATEN
3 Melonen
3 unbehandelte Zitronen mit dünner Schale
ca. 900 g Grießzucker
150 g kandierte Orangenschalen

Varianten

Sie können die kandierten Orangenschalen durch 2 Vanilleschoten ersetzen, die zu Beginn der Kochzeit zugegeben (und später wieder entfernt) werden, oder durch ein kleines Glas Rum am Ende der Kochzeit.

/ Die Zitronen 1 Minute in kochendes Wasser legen. Abtropfen lassen und wiegen. In dünne Scheiben schneiden und diese in einen Marmeladentopf geben.

/ Die Melonen halbieren, die Kerne mit einem Teelöffel entfernen und das Fruchtfleisch würfeln. Das Fruchtfleisch wiegen, in den Marmeladentopf geben und den Zucker im Verhältnis von 300 g pro 500 g Melonen-/Zitronenmischung zugeben.

/ Die kandierten Orangenschalen in dünne Scheiben schneiden und unter die Früchte mischen. Den Topf mit einem Geschirrtuch abdecken und 6 Stunden einweichen (mazerieren) lassen.

/ Nach Ablauf dieser Zeit den Topfinhalt bei milder Hitze aufkochen, dann 15 Minuten unter gelegentlichem Umrühren kochen lassen. Am Ende der Kochzeit den Schaum abschöpfen. Die Früchte sollten durchscheinend sein. Die Gelierprobe machen: Ein Tropfen Sirup sollte auf einem kalten Teller nicht mehr verlaufen.

/ Die Marmelade in die Gläser füllen, diese mit Schraubdeckeln verschließen und auf den Kopf stellen. Erkalten lassen, dann erst wieder umdrehen.

GRÜNE-MELONEN-MARMELADE

mit Orangenzesten

Melonen mit blassgrünem Fruchtfleisch sind in der Regel von August bis November auf dem Markt.

ZUBEREITUNG
30 Min.

MAZERIERZEIT
6 Std.

KOCHZEIT
ca. 20 Min.

ERGIBT CA.
4 Gläser à 375 g

ZUTATEN
2 kg grüne Melonen
2 unbehandelte Orangen mit dünner Schale
ca. 800 g Grießzucker

Variante

Am Ende der Kochzeit können Sie zu dieser Marmelade, falls Sie mögen, 100 g Pinienkerne zugeben.

/ Die Melonen vierteln und die Kerne entfernen. Das Fruchtfleisch in Lamellen schneiden, wiegen und den Zucker im Verhältnis von 800 g pro Kilo Fruchtfleisch vorbereiten. Die Orangenzesten mit einem Sparschäler in feinen Streifen abziehen.

/ Alle Zutaten in abwechselnden Schichten (Melone, Zucker und Orangenzesten) in einen Marmeladentopf geben. Den Topf mit einem Geschirrtuch abdecken und 6 Stunden einweichen (mazerieren) lassen.

/ Nach Ablauf dieser Zeit den Topfinhalt bei starker Hitze aufkochen, dann ca. 20 Minuten unter gelegentlichem Umrühren kochen lassen. Am Ende der Kochzeit den Schaum abschöpfen. Das Fruchtfleisch soll durchscheinend sein. Die Gelierprobe machen: Ein Tropfen Marmelade sollte auf einem kalten Teller nicht mehr verlaufen.

/ Die Marmelade in die Gläser füllen, diese mit Schraubdeckeln verschließen und auf den Kopf stellen. Erkalten lassen, dann erst wieder umdrehen.

Sommer

MIRABELLEN-KONFITÜRE

Eine gute Mirabellen-Konfitüre kommt ohne Kunstgriffe aus: Früchte, Zucker, etwas Zitrone – fertig. Der Zuckeranteil kann auf 800 g pro 1 Kilo Frucht reduziert werden. In diesem Fall gibt man am Ende der Kochzeit einen Esslöffel Honig dazu. So wird das Aroma dieser kleinen Pflaumenfrucht noch feiner.

ZUBEREITUNG
20 Min.

KOCHZEIT
ca. 45 Min.

ERGIBT CA.
4 Gläser à 350 g

ZUTATEN
1 kg Mirabellen
1 kg Würfelzucker
Saft von ½ Zitrone

Tipp

Um dieser Konfitüre noch mehr Geschmack zu verleihen, geben Sie die Mirabellensteine in einem Musselinsäckchen mit in den Topf und entfernen Sie das Säckchen am Ende der Kochzeit.

/ Die Mirabellen waschen, trocken tupfen und entsteinen.

/ In einem Marmeladentopf 150 ml Wasser mit dem Zucker und einem Schuss Zitronensaft aufkochen. Kochen lassen, bis an der Oberfläche des Sirups große Blasen zerplatzen.

/ Nun die Mirabellen mit in den Topf geben. Bei starker Hitze 20 Minuten kochen, dabei häufig umrühren.

/ Die Mirabellen mit einem Schaumlöffel herausnehmen und auf die Gläser verteilen (zu ¾ befüllen).

/ Den Sirup bei starker Hitze ca. 20 Minuten weiterkochen lassen. Die Gelierprobe machen: Einige Tropfen sollten auf einem kalten Teller sofort fest werden.

/ Am Ende der Kochzeit den Schaum abschöpfen, dann den kochend heißen Sirup über die Mirabellen in die Gläser gießen. Diese sofort verschließen.

BROMBEER-GELEE

Wie süß ist doch die Zeit der Brombeeren, wenn sich der Sommer dem Ende zu neigt und gleichzeitig das Ende der Sommerferien naht ... Man kann dem Verlangen, die kleinen Früchte beim Pflücken gleich zu essen, wirklich kaum widerstehen. Behalten Sie jedoch genügend Früchte für dieses einfache Gelee übrig.

ZUBEREITUNG
15 Min.

KOCHZEIT
ca. 20 Min.

ERGIBT CA.
3 Gläser à 350 g

ZUTATEN
1 kg schwarze Brombeeren
100 g noch rote Brombeeren
750 g Zucker
Saft von ½ Zitrone, nach Belieben

Tipp
Nehmen Sie sich die Zeit, die Brombeeren zu verlesen, um bedenkliche Früchte zu entfernen. Falls Sie die Beeren am Straßenrand gepflückt haben, waschen Sie sie kurz.

/ Die Brombeeren mit 50 ml Wasser in einen Marmeladentopf geben. Bei starker Hitze 5 Minuten kochen lassen, dabei die Früchte ständig mit dem Rücken des Schaumlöffels zerdrücken.

/ Den Brombeersaft durch ein feuchtes Tuch filtern oder durch ein Passiergerät mit feinem Aufsatz passieren. In diesem Fall anschließend sofort durch ein Sieb filtern, das mit einem Passiertuch ausgelegt ist.

/ Den gewonnenen Saft wiegen. Dasselbe Gewicht an Zucker abwiegen. Den Saft und den Zucker zusammen in den ausgespülten und getrockneten Marmeladentopf geben. Bei sehr süßen Brombeeren einen Schuss Zitronensaft zugeben.

/ Den Topfinhalt aufkochen und ca. 15 Minuten kochen lassen. Die Gelierprobe machen: Einige Tropfen Gelee sollten auf einem kalten Teller sofort fest werden.

/ Das Gelee in die Gläser füllen, diese aber erst am nächsten Tag verschließen.

HEIDELBEER-KONFITÜRE

Diese sehr milde Konfitüre ist leicht flüssig und ideal zum Süßen von Joghurt und Quark. Sie können für etwas mehr Säure sorgen, indem Sie direkt vor dem Abfüllen in die Gläser einen Schuss Zitronen- oder Orangensaft zugeben.

ZUBEREITUNG
Verteilt auf 2 Tage

KOCHZEIT
20–25 Min.

ERGIBT CA.
4 Gläser à 350 g

ZUTATEN
1 kg Heidelbeeren
1 kg Kristallzucker

Tipp
Die Heidelbeerkonfitüre bleibt relativ flüssig. Eine längere Kochzeit ist daher nicht von Nöten.

Erster Tag

/ Die Heidelbeeren waschen. Abwechselnd mit dem Zucker in eine Schüssel schichten und mit einer Schicht Zucker enden. Bis zum nächsten Tag kühl aufbewahren.

Zweiter Tag

/ Die Heidelbeeren haben viel Saft abgegeben. Den Inhalt der Schüssel in einen Marmeladentopf umfüllen. Bei milder Hitze aufkochen.

/ Bei starker Hitze unter häufigem Umrühren 20–25 Minuten kochen lassen. Die Gelierprobe machen: Einige Tropfen Konfitüre sollten auf einem kalten Teller langsam verlaufen.

/ Am Ende der Kochzeit den Schaum abschöpfen. Die Konfitüre verrühren, in die Gläser füllen und diese sofort verschließen.

WASSERMELONEN-KONFITÜRE

Diese erfrischende Frucht mit wasserhaltigem Fruchtfleisch verwandelt sich gerne in eine leckere und appetitliche Konfitüre. Da die Wassermelone wenig Pektin enthält, liefern die zugesetzten Zitrusfrüchte die fehlende Säure und gewährleisten die Gelierfähigkeit.

ZUBEREITUNG
20 Min.

KOCHZEIT
1 Std.

ERGIBT CA.
4 Gläser à 350 g

ZUTATEN
1 mittelgroße Wassermelone
2 unbehandelte Orangen mit dünner Schale
2 unbehandelte Zitronen
750 g Kristallzucker

Tipp

Durch die Beigabe eines Esslöffels Likör aus roten Früchten (Himbeeren, Walderdbeeren) am Ende der Kochzeit wird die Farbe dieser Konfitüre kräftiger und sie erhält zusätzliches Aroma.

/ Die Wassermelone vierteln. Die Viertel schälen und die Kerne entfernen. Das Fruchtfleisch klein schneiden und 2 Minuten in kochendem Wasser blanchieren, danach abtropfen lassen.

/ Die Orangen und Zitronen auspressen und die Zesten in dünnen Streifen abziehen. Die Zesten kurz in kochendes Wasser geben, abschrecken und abtropfen lassen. Die Zesten unter die Melonenstücke mischen. Den Orangen- und Zitronensaft dazugeben. Alles zusammen wiegen. Pro Kilo Früchte 750 g Zucker abwiegen.

/ Die Früchte und den Zucker in einen Marmeladentopf geben. Unter häufigem Rühren aufkochen und ebenfalls unter häufigem Rühren bei mäßiger Hitze 1 Stunde kochen lassen. Die Konfitüre ist fertig, wenn die Wassermelonenstücke durchscheinend und leicht golden aussehen.

/ Die Konfitüre verrühren, in die Gläser füllen und diese sofort verschließen.

PFIRSICH-APRIKOSEN-KONFITÜRE

Dieses Rezept wird am besten Ende Juli zubereitet, wenn die Pfirsiche am meisten Geschmack haben und die sehr reifen Aprikosen ihre Säure verloren haben.

ZUBEREITUNG
20 Min.

KOCHZEIT
ca. 25 Min.

ERGIBT CA.
7 Gläser à 350 g

ZUTATEN
750 g weiße Pfirsiche
750 g Aprikosen
1,5 kg Würfelzucker
Saft von 1 Zitrone

Variante

Sie können entweder eine der Länge nach aufgeschlitzte Vanilleschote zu Beginn der Kochzeit zugeben (und vor dem Abfüllen in die Gläser herausnehmen) oder am Ende der Kochzeit einen Esslöffel Lavendelblüten hinzugeben.

/ Die Pfirsiche kurz überbrühen, dann schälen und entsteinen. Das Fruchtfleisch in große Stücke schneiden. Die Aprikosen öffnen und entsteinen.

/ In einem Marmeladentopf 250 ml Wasser mit dem Zucker und dem Zitronensaft aufkochen. Anschließend bei milder Hitze 3–4 Minuten kochen lassen, ohne zu rühren. Große Luftblasen sollten nun die Oberfläche bedecken.

/ Die Aprikosen und die Pfirsiche zugeben. Bei starker Hitze ca. 20 Minuten kochen lassen. Die Gelierprobe machen: Einige Tropfen Konfitüre sollten auf einem kalten Teller sofort fest werden. Bei Bedarf noch ein paar Minuten länger kochen.

/ Am Ende der Kochzeit den Schaum abschöpfen. Die Konfitüre verrühren, in die Gläser füllen und diese sofort verschließen.

PFIRSICH-KONFITÜRE

mit Muskatellerwein

*Diese Konfitüre ist den Erwachsenen vorbehalten:
Sie enthält Fruchtstücke, die in einem mit Muskatellerwein aromatisierten Sirup gekocht wurden.
Dieser natürliche Süßwein passt perfekt zu den Sonnenfrüchten.*

ZUBEREITUNG
20 Min.

KOCHZEIT
ca. 40 Min.

ERGIBT CA.
6 Gläser à 500 g

ZUTATEN
750 g weiße Pfirsiche
750 g gelbe Pfirsiche
1,5 kg Würfelzucker
70 ml Muskatellerwein (Beaumes-de-Venise oder Rivesaltes)
Saft von ½ Zitrone

/ Die Pfirsiche kurz überbrühen, schälen und entsteinen. Das Fruchtfleisch in große Stücke schneiden.

/ In einem Marmeladentopf 250 ml Wasser mit dem Zucker und einem Schuss Zitronensaft aufkochen. Kochen lassen, bis der Sirup eine Temperatur zwischen 109–116 °C erreicht hat (kleiner Ballen). Falls Sie kein Zuckerthermometer haben, geben Sie einen Teelöffel Sirup in ein Glas mit Eiswasser. Sie sollten eine formbare kleine Kugel zwischen den Fingern fühlen.

/ Nun die Pfirsiche zugeben. Bei starker Hitze 10 Minuten unter häufigem Rühren kochen, ohne die Früchte zu zerdrücken.

/ Die Pfirsichstücke mit einem Schaumlöffel herausnehmen und auf die Gläser verteilen. Den Sirup bei milder Hitze weitere 15 Minuten kochen. Die Gelierprobe machen: Einige Tropfen Sirup sollten auf einem kalten Teller sofort fest werden.

/ Den Topf vom Herd nehmen, den Muskatellerwein zugeben und gut mischen. Den Sirup in die Gläser gießen. Komplett auskühlen lassen, dann die Gläser verschließen.

PFIRSICH-JOHANNISBEER-KONFITÜRE

Pfirsich und Johannisbeere bilden bei dieser Konfitüre, die im Juli aus sonnenverwöhnten Früchten zubereitet wird, ein erfolgreiches Duo. Sie können Weiße und Gelbe Pfirsiche mit Roten oder Weißen Johannisbeeren mischen.

ZUBEREITUNG
Verteilt auf 2 Tage

MAZERIERZEIT
12 Std.

KOCHZEIT
ca. 25 Min.

ERGIBT CA.
5 Gläser à 350 g

ZUTATEN
1 kg weiße Pfirsiche
500 g Johannisbeeren
1,2 kg Kristallzucker
Saft von 1 Zitrone

Variante

Noch frischer wirkt die Konfitüre, wenn Sie am Ende der Kochzeit ein Dutzend fein geschnittene Minzblätter zugeben.

Erster Tag

/ Die Pfirsiche kurz überbrühen, schälen und entsteinen. Das Fruchtfleisch klein schneiden und mit dem Zitronensaft beträufeln.

/ Die Johannisbeeren mit einer Gabel entstielen.

/ Die Pfirsiche und die Johannisbeeren abwechselnd mit dem Zucker in eine Schüssel schichten und mit einer Zuckerschicht enden. 12 Stunden einweichen (mazerieren) lassen.

Zweiter Tag

/ Die Früchte haben viel Saft gezogen. Den Saft in einen Marmeladentopf geben. Bei starker Hitze kochen, bis der Saft auf dem Schaumlöffel einen Film bildet.

/ Die Früchte mit in den Topf geben und 15–20 Minuten weiterkochen. Die Gelierprobe machen: Einige Tropfen Konfitüre sollten auf einem kalten Teller sofort fest werden.

/ Am Ende der Kochzeit den Schaum abschöpfen. Die Konfitüre verrühren, in die Gläser füllen und diese verschließen, solange die Konfitüre noch heiß ist.

ZWETSCHGEN-KONFITÜRE
mit Walnüssen

Frische Walnüsse und Zwetschgen gibt es bis Mitte September. Also keine Zeit verlieren, um diese ausgezeichnete Konfitüre zuzubereiten, die durch die Zugabe von Zitronensaft am Ende der Kochzeit zugleich süß und säuerlich ist.

ZUBEREITUNG
Verteilt auf 2 Tage

MAZERIERZEIT
12 Std.

KOCHZEIT
ca. 50 Min.

ERGIBT CA.
4 Gläser à 350 g

ZUTATEN
1 kg Zwetschgen (entsteint)
750 g Sandzucker
15 frische Walnüsse
Saft von 1 Zitrone

Tipp
Falls Sie sich an der Haut der Zwetschgen stören, passieren Sie die entsteinten und halbierten Früchte durch die Passiermühle mit feinem Aufsatz. Die Kochzeit beträgt dann nur 20–30 Minuten.

Erster Tag

/ Die Zwetschgen waschen. Die Früchte öffnen und entsteinen.

/ Die Zwetschgen abwechselnd mit dem Zucker in eine Schüssel schichten und mit einer Zuckerschicht enden. 12 Stunden an einem kühlen Ort einweichen (mazerieren) lassen.

Zweiter Tag

/ Die frischen Walnüsse knacken, schälen und die Kerne halbieren.

/ Den Inhalt der Schüssel in einen Marmeladentopf umfüllen. Aufkochen und bei mäßiger Hitze 35–45 Minuten kochen lassen. Die Gelierprobe machen: Einige Tropfen Konfitüre sollten auf einem kalten Teller sofort fest werden.

/ Die Walnüsse und den Zitronensaft zugeben. Noch einmal aufwallen lassen.

/ Am Ende der Kochzeit den Schaum abschöpfen. Die Konfitüre verrühren und in die Gläser füllen. Diese sofort verschließen.

REINECLAUDEN-MARMELADE

Kochen Sie diese Marmelade Ende August, wenn die Reineclauden wunderbar aromatisch, weich, saftig und so süß sind, dass sie beinahe nach Honig schmecken.

ZUBEREITUNG
15 Min.

MAZERIERZEIT
6 Std.

KOCHZEIT
30–45 Min.

ERGIBT CA.
4 Gläser à 350 g

ZUTATEN
1 kg Reineclauden
800 g Kristallzucker
Saft von 1 Zitrone

Tipp

Die Reineclauden sollten nicht zu lange mazerieren, sonst verfälscht sich ihre Farbe. Empfohlen wird außerdem eine kurze Kochzeit bei starker Hitze.

/ Die Reineclauden waschen und entsteinen. Abwechselnd mit dem Zucker in eine Schüssel schichten. Mit dem Zitronensaft beträufeln. Mit einer Zuckerschicht enden. 6 Stunden an einem kühlen Ort einweichen (mazerieren) lassen.

/ Die Früchte ziehen viel Wasser. Den Inhalt der Schüssel in einen Marmeladentopf umfüllen. Bei milder Hitze unter Rühren aufkochen. Bei starker Hitze 25–40 Minuten unter häufigem Rühren kochen lassen. Die Gelierprobe machen: Einige Tropfen Konfitüre sollten auf einem kalten Teller sofort fest werden.

/ Am Ende der Kochzeit den Schaum abschöpfen. Die Marmelade verrühren und in die Gläser füllen, diese sofort verschließen.

a
a
d
c
e
b
f
g

GRÜNE-TOMATEN-KONFITÜRE

mit Basilikum

Reichen Sie diese schmackhafte Konfitüre zu Ziegen- oder Schaffrischkäse. Das Basilikum kann durch Bohnenkraut oder Thymian ersetzt werden. Vom Thymian nicht mehr als ein kleines Zweiglein nehmen, da er ein sehr kräftiges Aroma hat.

ZUBEREITUNG
Verteilt auf 2 Tage

MAZERIERZEIT
12 Std.

KOCHZEIT
ca. 1 Std. 15 Min.

ERGIBT CA.
3 Gläser à 350 g

ZUTATEN
1 kg grüne Tomaten
800 g Kristallzucker
1 unbehandelte Zitrone
2 Basilikumstängel

Tipp
Die Konfitüre bei sehr milder Hitze kochen, da sie leicht am Topfboden ansetzt. Bei Bedarf einen Wärmeverteiler verwenden.

Erster Tag

/ Feste grüne Tomaten wählen und diese mit einem Messer häuten und halbieren. Die Kerne herausdrücken. Das Fruchtfleisch zerkleinern. Die Zitrone in dünne Scheiben schneiden.

/ Die Tomaten abwechselnd mit den Zitronenscheiben, dem Basilikum und dem Zucker in eine Schüssel schichten. Mit einer Zuckerschicht enden. 12 Stunden einweichen (mazerieren) lassen.

Zweiter Tag

/ Den Inhalt der Schüssel in einen Marmeladentopf umfüllen. Bei milder Hitze unter Rühren aufkochen. Anschließend bei starker Hitze und unter häufigem Rühren 20 Minuten kochen.

/ Die Hitze auf kleinste Stufe schalten und 50–60 Minuten weiterköcheln lassen. Die Gelierprobe machen: Einige Tropfen der Konfitüre sollten auf einem kalten Teller sofort fest werden.

/ Das Basilikum herausnehmen. Die Konfitüre verrühren, in die Gläser füllen und diese sofort verschließen.

KONFITÜRE AUS TOMATEN, FEIGEN UND MELONENSCHALEN

Drei von der Sonne verwöhnte Früchte werden für diese Konfitüre kombiniert.

ZUBEREITUNG
Verteilt auf 2 Tage

MAZERIERZEIT
12 Std.

KOCHZEIT
1 Std. 10 Min.

RUHEZEIT
6 Std.

ERGIBT CA.
4 Gläser à 500 g

ZUTATEN
500 g Tomaten
1 kg Feigen
500 g Melonenschalen
1,2 kg Grießzucker

Variante

Sie können zwei der Länge nach aufgeschlitzte Vanilleschoten mitmazerieren lassen (anschließend entfernen).

Erster Tag

/ Die Tomaten kreuzweise einschneiden und 30 Sekunden in kochendes Wasser legen. Abtropfen lassen, häuten und entkernen. Die Tomaten hacken. Die Feigen waschen und trocken tupfen. Die Melonenschalen in sehr kleine Würfel schneiden.

/ Alle diese Zutaten wiegen, in einen Marmeladentopf geben und den Zucker im Verhältnis von 800 g pro Kilo Fruchtmischung darüber verteilen. Den Topf mit einem Geschirrtuch abdecken und 12 Stunden einweichen (mazerieren) lassen.

Zweiter Tag

/ Den Topfinhalt unter häufigem Rühren aufkochen. Anschließend bei sehr milder Hitze 1 Stunde kochen lassen, bis die Melonenschalen kandiert und durchscheinend sind. Den Topf vom Herd nehmen und 6 Stunden ruhen lassen.

/ Den Topf wieder auf den Herd stellen, erneut aufkochen und bei starker Hitze 10 Minuten kochen, dabei am Ende der Kochzeit den Schaum abschöpfen. Die Gelierprobe machen: Ein Tropfen Konfitüre sollte auf einem kalten Teller nicht mehr verlaufen.

/ Die Konfitüre in die Gläser füllen, diese mit Schraubdeckeln verschließen und auf den Kopf stellen. Erkalten lassen, dann erst wieder umdrehen.

SOMMER

TOMATEN-MARMELADE
mit Mandeln und Honig

Die Tomate, die lange als giftig galt, wurde in der italienischen Küche erst im 16. Jahrhundert eingeführt, dort gab man ihr den hübschen Namen „Goldapfel". Diese Marmelade schmeckt sehr lecker auf Crêpes.

ZUBEREITUNG
Verteilt auf 2 Tage

MAZERIERZEIT
12 Std.

KOCHZEIT
30 Min.

ERGIBT CA.
4 Gläser à 375 g

ZUTATEN
1,2 kg Tomaten
850 g Grießzucker
Abrieb von
1 unbehandelten Zitrone
6 EL Honig
180 g geschälte Mandeln

Tipp
Für dieses Rezept genügt ein einfacher Blütenhonig.

Erster Tag

/ Die Tomaten kreuzweise einschneiden und 1 Minute in kochendes Wasser legen, anschließend in ein Gefäß mit kaltem Wasser und Eiswürfeln geben. Abtropfen lassen, häuten, in Scheiben schneiden und entkernen.

/ Die Tomaten abwechselnd mit dem Zucker in einen Marmeladentopf schichten. Den Topf mit einem Geschirrtuch abdecken und 12 Stunden einweichen (mazerieren) lassen.

Zweiter Tag

/ Den Inhalt des Topfes bei starker Hitze aufkochen. Den Zitronenabrieb und den Honig zugeben, dann bei milder Hitze 30 Minuten kochen lassen, dabei gelegentlich umrühren und den Schaum abschöpfen.
2 Minuten vor Ende der Kochzeit die Mandeln unterrühren. Die Marmelade ist fertig, wenn ein Tropfen davon auf einem kalten Teller nicht mehr verläuft.

/ Die Marmelade in die Gläser füllen, diese mit Schraubdeckeln verschließen und auf den Kopf stellen. Erkalten lassen, dann erst wieder umdrehen.

HERBST

QUITTEN-KONFITÜRE

Von Ende September bis Anfang November bekommen Sie am Obststand reife Quitten. Wenn Sie die Quitten jedoch im Garten ernten, pflücken Sie sie vor dem ersten Frost, auch wenn sie noch grün sind. Sie reifen bei Zimmertemperatur im Obstkorb nach und erfüllen das Haus mit ihrem Duft.

ZUBEREITUNG
30 Min.

KOCHZEIT
ca. 1 Std.

ERGIBT CA.
4 Gläser à 350 g

ZUTATEN
1,5 kg sehr reife Quitten
1,5 kg Kristallzucker
Saft von 1 Zitrone

Tipp
Das Schälen der Quitten dauert lange, denn man muss darauf achten, zu harte Teile der Früchte, die nicht gar werden würden, zu entfernen.

/ Die Quitten schälen und vierteln. Anschließend sofort in eine Schüssel mit kaltem Wasser legen, dem der Zitronensaft zugesetzt ist, damit die Quitten nicht braun werden.

/ In einem Marmeladentopf 250 ml Wasser mit dem Zucker aufkochen. Sobald sich der Zucker aufgelöst hat, die gut abgetropften Quitten zugeben. Bei milder Hitze ca. 1 Stunde unter häufigem Rühren kochen lassen. Die Gelierprobe machen: Einige Tropfen der Konfitüre sollten auf einem kalten Teller sofort fest werden.

/ Am Ende der Kochzeit den Schaum abschöpfen. Die Konfitüre verrühren, in die Gläser füllen und diese sofort verschließen.

FEINES QUITTEN-GELEE

Das einfache und perfekte Rezept schlechthin: Die Früchte müssen nicht geschält werden – eine beträchtliche Zeitersparnis – und da Quitten und Äpfel viel Pektin enthalten, ist die Gelierfähigkeit garantiert. Das Ergebnis ist tadellos: Ein durchscheinendes Gelee, weder zu fest, noch zu flüssig.

ZUBEREITUNG
20 Min.

KOCHZEIT
ca. 35 Min.

ERGIBT CA.
5 Gläser à 350 g

ZUTATEN
1 kg Quitten
250 g Äpfel
ca. 1,5 kg Kristallzucker
Saft von ½ Zitrone

Variante

Durch die Äpfel wird das Gelee weniger kompakt, Sie können es aber auch nur mit Quitten zubereiten.

/ Die Quitten und die Äpfel waschen, trocken tupfen und ungeschält in Stücke schneiden.

/ Die Früchte mit einem Schuss Zitronensaft in einen Marmeladentopf geben und mit Wasser bedecken.

/ Aufkochen. Anschließend kochen lassen, bis die Quitten weich sind.

/ Durch ein Sieb filtern, das mit einem feuchten Passiertuch ausgelegt ist, ohne die Früchte zu drücken. Den erzielten Saft abmessen und 1 Kilo Zucker auf 1 Liter Saft abwiegen.

/ Den Saft und den Zucker zusammen in den Topf geben. Bei starker Hitze ca. 30 Minuten kochen lassen. Die Gelierprobe machen: Einige Tropfen Gelee sollten auf einem kalten Teller sofort fest werden.

/ Das Gelee in die Gläser füllen. Bis zum nächsten Tag abkühlen lassen, dann erst die Gläser verschließen.

Fig. 4
Fig. 2
Fig. 3
Fig. 1
Fig. 7
Fig. 5
Fig. 6

QUITTEN-GELEE

mit Mandeln und Vanille

Mandeln und Vanille gehen mit Quitten eine geglückte aromatische Verbindung ein.

ZUBEREITUNG
30 Min.

RUHEZEIT
1 Std.

KOCHZEIT
ca. 40 Min.

ERGIBT CA.
4 Gläser à 375 g

ZUTATEN
1 kg Quitten
ca. 800 g Grießzucker
1 Vanilleschote
75 g Mandelblättchen

Tipp

Pflücken Sie die Quitten, bevor sie ganz reif sind und lassen Sie sie bei 15–19 °C nachreifen.

/ Die Quitten mit einem Geschirrtuch abreiben, um den Flaum zu entfernen. Die Früchte vierteln, ohne das Kerngehäuse und die Kerne zu entfernen, dann in dünne Scheiben schneiden.

/ Die Quitten in einen Marmeladentopf geben. 2 Liter Wasser zugießen, aufkochen, dann 30 Minuten leicht köcheln lassen: Die Früchte sollen auf Fingerdruck leicht nachgeben.

/ Den Saft durch ein mit einem Passiertuch ausgelegtes Sieb filtern und ohne Druck auf die Quitten in eine Schüssel abtropfen lassen, damit der Saft klar bleibt. Hierfür 1 Stunde einplanen.

/ Den gewonnen Saft abmessen, wieder in den Marmeladentopf gießen und den Zucker im Verhältnis von 800 g pro Liter Saft zugeben. Die Vanilleschote der Länge nach aufschlitzen und mit in den Topf geben.

/ Den Topfinhalt bei starker Hitze aufkochen und 10 Minuten kochen lassen, am Ende der Kochzeit den Schaum abschöpfen. Das Gelee ist fertig, wenn ein Tropfen davon auf einem kalten Teller nicht mehr verläuft. Die Vanilleschote herausnehmen und die Mandelblättchen unter das Gelee mischen.

/ Das Gelee in die Gläser füllen, diese mit Schraubdeckeln verschließen und auf den Kopf stellen. Abkühlen lassen, dabei die Gläser mehrmals umdrehen, damit sich die Mandeln gleichmäßig im Gelee verteilen.

KONFITÜREN-MIX AUS QUITTEN, BIRNEN UND ÄPFELN

Ein ausgezeichnetes Rezept, um die Fülle des Obstgartens zu nutzen.

ZUBEREITUNG
30 Min.

MAZERIERZEIT
6 Std.

KOCHZEIT
30 Min.

ERGIBT CA.
4 Gläser à 500 g

ZUTATEN
1 kg Quitten
600 g Birnen
600 g Äpfel
Zesten und Saft von 1 unbehandelten Zitrone
Zesten von 1 unbehandelten Orange
1 kg Grießzucker
50 g Walnusskerne

Variante

Sie können bei dieser Konfitüre wahlweise das Fruchtfleisch einer Melone mitkochen.

/ Die Quitten mit einem Geschirrtuch abreiben, um den Flaum zu entfernen. Die Quitten schälen, vierteln und das Kerngehäuse und alle harten Teile herausschneiden. Die Quittenviertel in einen Topf geben und mit Wasser bedecken. Aufkochen, dann 10 Minuten kochen lassen.

/ Die Quitten abtropfen lassen und in dünne Scheiben schneiden. In einen Marmeladentopf geben und mit dem Zitronensaft beträufeln.

/ Die Birnen und die Äpfel schälen, das Kerngehäuse und die Kerne entfernen und die Früchte mit in den Marmeladentopf geben. Die Orangen- und Zitronenzesten zugeben. Den Zucker darauf verteilen, den Topf mit einem Geschirrtuch abdecken und 6 Stunden einweichen (mazerieren) lassen.

/ Nach Ablauf dieser Zeit den Inhalt des Marmeladentopfes bei starker Hitze aufkochen, anschließend bei milder Hitze ca. 15 Minuten unter gelegentlichem Umrühren kochen lassen. Am Ende der Kochzeit den Schaum abschöpfen. Die Konfitüre ist fertig, wenn ein Tropfen des Sirups auf einem kalten Teller nicht mehr verläuft. Nun die Walnusskerne untermischen und die Konfitüre mehrmals aufwallen lassen.

/ Die Konfitüre in die Gläser füllen, diese mit Schraubdeckeln verschließen und auf den Kopf stellen. Erkalten lassen, dann erst wieder umdrehen.

HAGEBUTTEN-KONFITÜRE

Die Heckenrose ist eine Wildrose, aus deren Früchten – den Hagebutten – diese Konfitüre zubereitet wird. Pflücken Sie die Hagebutten im Oktober, wenn sie eine schöne dunkelrote Farbe haben.

ZUBEREITUNG
Verteilt auf 9 Tage

FERMENTATION
8 Tage

KOCHZEIT
35 Min.

ERGIBT CA.
3 Gläser à 375 g

ZUTATEN
750 g Hagebutten
ca. 350 ml Weißwein
ca. 500 g Grießzucker

Variante

Falls Sie nicht genügend Hagebutten haben, mischen Sie sie mit demselben Gewicht an Quitten.

/ Die Hagebutten waschen, die Stiele und die kleinen schwarzen „Hütchen“ entfernen, dann jede Hagebutte halbieren, ohne die Kerne herauszunehmen.

/ Die Hagebutten in ein Gefäß geben und zur Hälfte mit dem Wein bedecken. Das Gefäß zudecken und 8 Tage an einem kühlen Ort fermentieren lassen, die Flüssigkeit täglich umrühren.

/ Nach Ablauf dieser Zeit die Hagebutten mit der Flüssigkeit in einen Marmeladentopf umfüllen. Bei starker Hitze aufkochen, dann bei milder Hitze 20 Minuten kochen lassen. Bei Bedarf noch etwas Wein zugießen, falls die Mischung zu dick wird. Den Saft durch ein mit einem Passiertuch ausgelegtes Sieb filtern und wiegen.

/ Den Saft wieder in den Topf gießen und dasselbe Gewicht an Zucker zugeben. Aufkochen und ca. 15 Minuten leicht köcheln lassen, damit die Konfitüre eindickt. Ein Tropfen davon sollte auf einem kalten Teller nicht mehr verlaufen.

/ Die Konfitüre in die Gläser füllen, diese mit Schraubdeckeln verschließen und auf den Kopf stellen. Erkalten lassen, dann erst wieder umdrehen.

APFEL-TRAUBEN-KONFITÜRE

Kochen Sie diese Konfitüre im September/Oktober zur Reifezeit der aromatischen Apfelsorte „Königin der Renetten", die hierzulande auch „Goldparmäne" heißt. Sie können die Äpfel mit anderen Herbstfrüchten, wie Birnen oder sorgfältig geschälten Quitten, kombinieren.

ZUBEREITUNG
20 Min.

KOCHZEIT
ca. 1 Std. 10 Min.

ZUTATEN
750 g Muskateller-Trauben
750 g Äpfel der Sorte „Königin der Renetten"
ca. 1 kg Würfelzucker
Saft von 1 unbehandelten Zitrone
2 Gewürznelken
6 Kardamomkörner

Tipp
Um die Gewürze später nicht in der fertigen Konfitüre wiederzufinden, legen Sie diese in ein Tee-Ei, das Sie nach dem Kochen herausnehmen.

/ Die Trauben waschen und abzupfen. Mit einem Apfelausstecher das Kerngehäuse und die Kerne aus den Äpfeln entfernen. Die Äpfel schälen und klein schneiden. Mit dem Zitronensaft beträufeln.

/ Die Früchte wiegen. Pro Kilo Obst 750 g Zucker rechnen.

/ In einem Marmeladentopf 200 ml Wasser mit dem Zucker aufkochen. Kochen lassen, bis an der Oberfläche große Blasen aufplatzen.

/ Nun die Früchte und die Gewürze zugeben und untermischen. Ca. 1 Stunde unter häufigem Rühren kochen lassen. Mit einem Esslöffel die Traubenkerne entfernen, die nach und nach an die Oberfläche steigen. Die Gelierprobe machen: Einige Tropfen der Konfitüre sollten auf einem kalten Teller sofort fest werden.

/ Am Ende der Kochzeit die Gewürze entfernen und den Schaum abschöpfen. Die Konfitüre verrühren, in die Gläser füllen und diese sofort verschließen.

APFEL-KONFITÜRE

mit Rosinen

Diese Konfitüre ist eine echte Nachmittagsleckerei auf Honigkuchen oder mit einer Kugel Vanilleeis als Dessert. Wenn Sie schön weiche Sultaninen verwenden, ist die Zugabe von Rum optional.

ZUBEREITUNG
15 Min.

KOCHZEIT
50 Min.

ERGIBT CA.
5 Gläser à 350 g

ZUTATEN
100 g Rosinen
2 EL Rum
1,5 kg Äpfel
1 kg Würfelzucker
Saft von ½ Zitrone

Tipp

Es gilt zu beachten, dass der Karamell während des Kochens nicht umgerührt werden sollte. Sobald jedoch die Äpfel und Rosinen mit im Marmeladentopf sind, häufig rühren, damit nichts am Boden ansetzt.

/ Die Rosinen zusammen mit dem Rum in einen kleinen Topf geben. Bei milder Hitze erwärmen. Vom Herd nehmen und mit einem Streichholz flambieren. Zugedeckt beiseitestellen.

/ Die Äpfel schälen, die Kerngehäuse entfernen und die Äpfel in schmale Spalten schneiden.

/ Die Zuckerstücke mit 200 ml Wasser und einem Schuss Zitronensaft in einen Marmeladentopf geben. Kochen lassen, bis sich ein heller Karamell gebildet hat.

/ Nun die Äpfel und Rosinen dazugeben. Mischen. Bei sehr milder Hitze 35–40 Minuten unter häufigem Rühren kochen lassen. Die Gelierprobe machen: Einige Tropfen Konfitüre sollten auf einem kalten Teller sofort fest werden.

/ Die leicht karamellisierte Konfitüre in die Gläser füllen und diese sofort verschließen.

APFEL-GELEE

mit Ananassaft und Zitronenabrieb

Der Apfelbaum, der aus Südostasien stammen soll, ist einer der ältesten Obstbäume.

ZUBEREITUNG
Verteilt auf 2 Tage

RUHEZEIT
12 Std.

KOCHZEIT
30–35 Min.

ERGIBT CA.
4 Gläser à 350 g

ZUTATEN
1,2 kg Äpfel
250 ml frischer Ananassaft
Abrieb von
1 unbehandelten Zitrone
ca. 1 kg Grießzucker
50 ml Rum

Tipp

Der Zitronenabrieb kann durch den Abrieb einer halben Orange ersetzt werden. Wenn Sie wenig Zeit haben, können Sie statt des frischen auch fertigen Ananassaft verwenden.

Erster Tag

/ Die Äpfel ungeschält vierteln und in einen Marmeladentopf geben. 1 Liter Wasser zugießen, bei starker Hitze aufkochen, dann 20 Minuten bei schwacher Hitze leicht kochen lassen.

/ Das gewonnene Fruchtmus durch ein mit einem Passiertuch ausgelegtes Sieb über einer Schüssel filtern. Den Saft ohne Druck ablaufen lassen, anschließend zugedeckt 12 Stunden ruhen lassen.

Zweiter Tag

/ Den Apfelsaft mit dem Ananassaft mischen und diese Flüssigkeit abmessen. In den Marmeladentopf gießen und den Zitronenabrieb und den Zucker, im Verhältnis von 800 g pro Liter Saft, zugeben.

/ Den Inhalt des Marmeladentopfes langsam aufkochen. 10–15 Minuten kochen lassen. Am Ende der Kochzeit den Schaum abschöpfen. Ein Tropfen Gelee sollte auf einem kalten Teller nicht mehr verlaufen. Den Rum unterrühren.

/ Das Gelee in die Gläser füllen, diese mit Schraubdeckeln verschließen und auf den Kopf stellen. Erkalten lassen, dann erst wieder umdrehen.

HERBST

APFEL-GELEE

mit Orangen

Dieses glänzende, durchsichtige Gelee ist für Augen und Gaumen gleichermaßen ein Genuss. Wählen Sie eine säuerliche saftige Apfelsorte wie „Boskop" oder „Kanadarenette".

ZUBEREITUNG
20 Min.

KOCHZEIT
1 Std. 30 Min.

ERGIBT CA.
5 Gläser à 350 g

ZUTATEN
1,5 kg Äpfel
800 g unbehandelte Orangen
1 kg Kristallzucker

Variante

Für ein beispielloses Aroma sorgt ein Sträußchen frische Minze im Kochsirup. Die Minze vor dem Abfüllen in die Gläser wieder herausnehmen. Sie können die Gläser mit einigen Minzblättern, die in kochendem Wasser blanchiert wurden, garnieren.

/ Die Äpfel waschen. Mit Schale und Kerngehäuse klein schneiden. In einen Kochtopf geben und mit Wasser bedecken. Die Äpfel 25–30 Minuten weich kochen.

/ Ohne Druck auf die Äpfel diese durch ein mit einem Passiertuch ausgelegtes Sieb filtern. Den gewonnen Saft wiegen. Dasselbe Gewicht an Zucker abwiegen.

/ Den Apfelsaft in einen Marmeladentopf gießen. Den Zucker zugeben und aufkochen.

/ Inzwischen die Orangen unter heißem Wasser bürsten. Abtrocknen, dann in sehr dünne Scheiben schneiden. Diese Scheiben mit in den Topf geben. Bei milder Hitze unter häufigem Rühren 1 Stunde kochen lassen, ohne die Orangenscheiben zu beschädigen. Die Gelierprobe machen: Einige Tropfen des Gelees sollten auf einem kalten Teller sofort fest werden. Bei Bedarf die Kochzeit um ein paar Minuten verlängern.

/ Das Gelee in die Gläser füllen. Diese erst am nächsten Tag verschließen.

GELEE AUS DER APFELSORTE „KÖNIGIN DER RENETTEN“

mit Zitrone

Nutzen Sie die Saison der Apfelsorte „Königin der Renetten“, die hierzulande auch als „Goldparmäne“ bekannt ist, von Ende August bis Ende Oktober, um dieses köstliche Gelee mit der schönen Bernsteinfarbe zu kochen.

ZUBEREITUNG
Verteilt auf 2 oder 3 Tage

RUHEZEIT
24 Std.

KOCHZEIT
ca. 35 Min.

ERGIBT CA.
4 Gläser à 350 g

ZUTATEN
1,2 kg Äpfel der Sorte „Königin der Renetten“
ca. 800 g Grießzucker
1 unbehandelte Zitrone

Tipp
Die Schale, das Kerngehäuse und die Kerne der Äpfel unbedingt mitverwenden, sie tragen zur Gelierfähigkeit bei.

/ Die Äpfel waschen, trocknen und vierteln, allerdings weder schälen noch das Kerngehäuse entfernen. In einen Marmeladentopf geben und mit Wasser bedecken.

/ Aufkochen und bei milder Hitze ca. 20 Minuten kochen lassen. Die Äpfel sollten bei Druck mit dem Finger nachgeben.

/ Ein großes, mit einem Passiertuch ausgelegtes Sieb über eine Schüssel hängen. Den Saft und die Äpfel in das Sieb geben, zudecken und den Saft ohne Druck innerhalb von 24 Stunden ablaufen lassen.

/ Den gewonnenen Saft messen, wieder in den Marmeladentopf gießen und Zucker im Verhältnis von 800 g pro Liter Saft zugeben.

/ Den Topfinhalt langsam aufkochen. Inzwischen die Zitrone waschen und abtrocknen. Aus der Mitte der Zitrone 5 dünne Scheiben schneiden und entkernen. Die Zitronenscheiben in den Topf geben und weitere 10–15 Minuten kochen lassen. Gegen Ende der Kochzeit den Schaum abschöpfen. Das Gelee ist fertig, wenn ein Tropfen davon auf einem kalten Teller nicht mehr verläuft.

/ 1 Zitronenscheibe unten in jedes Glas legen, das Gelee einfüllen und die Gläser unter einem Küchentuch erkalten lassen. Dann erst mit Schraubdeckeln verschließen.

APFEL-ZWETSCHGEN-MARMELADE

Die Zwetschge, eine längliche süße Pflaume, wird im Elsass angebaut. Diese Pflaumenart eignet sich hervorragend für Konfitüre. In Kombination mit Äpfeln der Sorte „Königin der Renetten" (alias „Goldparmäne") kommt sie besonders gut zur Geltung.

ZUBEREITUNG
25 Min.

KOCHZEIT
30 Min.

ERGIBT CA.
4 Gläser à 375 g

ZUTATEN
1 kg Äpfel
500 g Zwetschgen
ca. 1 kg Grießzucker

Tipp
Sie können alternativ auch die Apfelsorte mit der kontrollierten Herkunftsbezeichnung „Pomme du Limousin" verwenden.

/ Die Äpfel schälen, das Kerngehäuse entfernen, dann die Äpfel klein schneiden. Das Kerngehäuse und die Kerne in ein kleines Mullsäckchen geben. Die Zwetschgen waschen und abtrocknen, halbieren und die Steine entfernen.

/ Die Äpfel und Zwetschgen zusammen mit dem Säckchen in einen Marmeladentopf geben. Die Früchte mit Wasser bedecken. Aufkochen, dann ca. 15 Minuten leicht kochen lassen. Die Früchte sollen durchscheinend werden.

/ Das Mullsäcken herausnehmen und die Früchte zusammen mit dem Kochsaft mixen oder durch ein Passiergerät passieren. Das gewonnene Püree wiegen, wieder in den Topf geben und Zucker im Verhältnis von 750 g pro Kilo Fruchtpüree zugeben.

/ Den Topf bei ziemlich starker Hitze wieder auf den Herd stellen und ca. 15 Minuten unter ständigem Rühren kochen. Die Marmelade sollte eindicken und beim Rühren sollte man den Topfboden sehen können.

/ Die Marmelade in die Gläser füllen, diese mit Schraubdeckeln verschließen und auf den Kopf stellen. Erkalten lassen, dann erst wieder umdrehen.

HERBST

MARMELADE AUS GERIEBENEN ÄPFELN

mit Ingwer

Eine Marmelade mit außergewöhnlicher Konsistenz, deren Geschmack durch die leichte Schärfe der dünnen Ingwerscheiben hervorgehoben wird.

ZUBEREITUNG
30 Min.

KOCHZEIT
40–45 Min.

ERGIBT CA.
4 Gläser à 350 g

ZUTATEN
1,4 kg Äpfel
10 cm frischer Ingwer
1,2 kg Grießzucker

Tipp

Für diese Marmelade können unbeschädigte Falläpfel verwendet werden.

/ Die Äpfel schälen und das Kerngehäuse entfernen. Das Kerngehäuse und die Kerne in ein Mullsäckchen packen. Die Äpfel vierteln und grob reiben. Den Ingwer schälen und in dünne Scheiben schneiden.

/ Die Äpfel, den Ingwer und das Mullsäckchen in einen Marmeladentopf geben. 500 ml Wasser zugießen, bei starker Hitze aufkochen, dann 30 Minuten bei schwacher Hitze kochen lassen.

/ Das Mullsäckchen herausnehmen, den Zucker unter Rühren mit einem Holzlöffel zugeben und erneut aufkochen. Bei starker Hitze unter gelegentlichem Rühren kochen lassen. Am Ende der Kochzeit den Schaum abschöpfen. Ein Tropfen der Marmelade sollte auf einem kalten Teller nicht mehr verlaufen.

/ Die Marmelade in die Gläser füllen, die Ingwerscheiben dabei gleichmäßig auf die Gläser verteilen. Die Gläser mit Schraubdeckeln verschließen und auf den Kopf stellen. Erkalten lassen, dann erst wieder umdrehen.

HERBST

BIRNEN-KONFITÜRE

mit Trockenfrüchten

Es ist üblich, Birnen zu ernten, die noch sehr fest sind, da sie bei Zimmertemperatur nachreifen. Warten Sie mit dem Kochen, bis die Birnen durch und durch reif sind, so erhalten Sie eine sehr aromatische Konfitüre.

ZUBEREITUNG
1 Std.

KOCHZEIT
1 Std. 30 Min.

ERGIBT CA.
3 Gläser à 500 g

ZUTATEN
100 g getrocknete Aprikosen
1 kg Winterbirnen
750 g Würfelzucker
50 g kandierte Orangenschalen
50 g kandierter Ingwer
Saft von 1 Zitrone

/ Die getrockneten Aprikosen 1 Stunde in einer Schüssel mit lauwarmem Wasser einweichen.

/ Die Birnen schälen. Die Kerne und das Kerngehäuse entfernen, die Früchte vierteln und mit dem Zitronensaft beträufeln. Die Birnenschalen, -kerne und -stiele mit 400 ml Wasser in einen Topf geben. 15 Minuten im offenen Topf kochen lassen, anschließend filtern.

/ Dieses Wasser in einen Marmeladentopf gießen. Den Zucker zugeben. Kochen, bis der Sirup eine Temperatur zwischen 109–116 °C erreicht hat (kleiner Ballen). Wenn Sie kein Zuckerthermometer haben, geben Sie einen Teelöffel Sirup in eine Schüssel mit Eiswasser. Sie sollten zwischen den Fingern eine formbare kleine Kugel fühlen. Die Gelierprobe machen: Einige Tropfen Sirup sollten auf einem kalten Teller sofort fest werden.

/ Nun die Birnen, die abgetropften Aprikosen, die kandierten Orangenschalen und den kandierten Ingwer (beides klein gewürfelt) zugeben. 50–60 Minuten kochen lassen. Die Gelierprobe machen: Einige Tropfen Konfitüre sollten auf einem kalten Teller sofort fest werden.

/ Die Konfitüre verrühren, in die Gläser füllen und diese sofort verschließen.

HERBST

BIRNEN-APFEL-GELEE

mit Cidre

Wählen Sie für dieses Gelee Herbstfrüchte: bei den Birnen die Sorten „Conference" oder „Doyenné du Comice" (alias „Vereinsdechantsbirne"); bei den Äpfeln solche aus der Gruppe „Renette". Verbinden Sie diese Früchte mit süßem Cidre zu einem schmackhaften Gelee, das Sie auf warmen Crêpes genießen können, die mit leicht gesalzener Butter bestrichen sind.

ZUBEREITUNG
20 Min.

KOCHZEIT
ca. 2 Std.

ERGIBT CA.
6 Gläser à 350 g

ZUTATEN
1 kg Birnen
1 kg Äpfel
1,5 kg Kristallzucker
1 Flasche Cidre doux
Saft von 2 Zitronen

Variante

Bei diesem Rezept kann der Cidre auch durch Apfelsaft ersetzt werden.

/ Die Birnen und die Äpfel waschen. Mit Schale und Kernen klein schneiden. Mit dem Zitronensaft und dem Cidre in einen Topf geben. Die Früchte 25–30 Minuten weich kochen.

/ Die Früchte durch ein mit einem feuchten Passiertuch ausgelegtes Sieb filtern (ohne Druck). Den gewonnen Saft abmessen.

/ Den Saft in einen Marmeladentopf gießen. 750 g Zucker pro Liter Saft zugeben. Bei milder Hitze 1 Stunde 30 Minuten kochen. Die Gelierprobe machen: Einige Tropfen Gelee sollten auf einem kalten Teller sofort fest werden.

/ Das Gelee auf die Gläser verteilen. Bis zum nächsten Tag abkühlen lassen, dann die Gläser verschließen.

BIRNEN-MARMELADE
mit Karamell

*Eine köstliche Variante ist die Birnen-Konfitüre mit Alkohol.
Der Karamell ergänzt die Süße der Früchte durch einen angenehmen, leicht bitteren Geschmack.*

ZUBEREITUNG
20 Min.

KOCHZEIT
ca. 35 Min.

ERGIBT CA.
4 Gläser à 375 g

ZUTATEN
1,2 kg reife, aber feste Birnen
700 g Grießzucker
Saft von 1 Zitrone
50 ml Cognac

Variante

Sie können dasselbe Rezept auch mit Äpfeln und Calvados anstelle von Birnen und Cognac zubereiten.

/ Die Birnen schälen, vierteln, das Kerngehäuse und die Kerne entfernen. Dann jedes Viertel klein würfeln. Die Birnenwürfel jeweils sofort in kochendes Wasser legen, damit sie nicht braun werden.

/ 600 g des Zuckers und 100 ml Wasser in einen Marmeladentopf geben. Bei starker Hitze aufkochen, dann unter gelegentlichem Umrühren bis zur Konsistenz von Sirup kochen lassen.

/ Die Birnen abtropfen lassen, in den Marmeladentopf geben und ca. 20 Minuten unter gelegentlichem Rühren kochen lassen. Am Ende der Kochzeit den Schaum abschöpfen. Die Marmelade ist fertig, wenn ein Tropfen Sirup auf einem kalten Teller nicht mehr verläuft. Nun den Zitronensaft untermischen und noch einige Mal aufwallen lassen.

/ Den restlichen Zucker (100 g) und 50 ml Wasser in einen kleinen Topf geben und kochen, bis sich ein heller Karamell bildet. Den Karamell in den Marmeladentopf geben und unter ständigem Rühren 2 Minuten kochen, damit er sich gut verteilt. Den Cognac zugießen und erneut mischen.

/ Die Marmelade in die Gläser füllen, diese mit Schraubdeckeln verschließen und auf den Kopf stellen. Erkalten lassen, dann erst wieder umdrehen.

BIRNEN-KAROTTEN-MARMELADE

Für dieses Rezept müssen die Karotten fein gerieben werden.

ZUBEREITUNG
Verteilt auf 2 Tage

MAZERIERZEIT
12 Std.

KOCHZEIT
ca. 20 Min.

ERGIBT CA.
4 Gläser à 375 g

ZUTATEN
350 g Karotten
1,5 kg reife Birnen
750 g Grießzucker

Variante

Sie können zum Mazerieren 50 g Sultaninen dazugeben.

Erster Tag

/ Die Karotten schälen und so fein wie möglich reiben. Die Birnen schälen, das Kerngehäuse und die Kerne entfernen, dann die Birnen klein würfeln.

/ Die Birnen und die Karotten in einen Marmeladentopf geben. Den Zucker darüber verteilen, den Topf mit einem Geschirrtuch abdecken und 12 Stunden einweichen (mazerieren) lassen.

Zweiter Tag

/ 100 ml Wasser in den Marmeladentopf gießen und unter gelegentlichem Umrühren aufkochen, bis der Sirup das Stadium „schwacher Flug" erreicht hat. Sie erkennen es daran, dass sich Perlen bilden, wenn Sie durch einen zuvor in den Sirup getauchten Schaumlöffel blasen. Ein Tropfen der Marmelade sollte auf einem kalten Teller nicht mehr verlaufen. Am Ende der Kochzeit den Schaum abschöpfen.

/ Die Marmelade in die Gläser füllen, diese mit Schraubdeckeln verschließen und auf den Kopf stellen. Erkalten lassen, dann erst wieder umdrehen.

HERBST

HOKKAIDO-KÜRBIS-MARMELADE

mit Vanille

Bieten Sie diese Marmelade auf Pfannkuchen und warmen Crêpes an. Und lassen Sie sich nicht von der Größe des Hokkaido-Kürbis beeindrucken, denn nach zwei Stunden Kochzeit ist dieser deutlich geschrumpft.

ZUBEREITUNG
15 Min.

MAZERIERZEIT
3–4 Std.

KOCHZEIT
2 Std.

ERGIBT CA.
5 Gläser à 350 g

ZUTATEN
2,5 kg Hokkaido-Kürbis (geschält und ohne Kerne gewogen)
2,5 kg Kristallzucker
2 Vanilleschoten

Variante

Sie können dasselbe Rezept auch mit einem Gemüsekürbis zubereiten, der Geschmack wird aber nicht ganz so fein sein.

/ Den Hokkaido schälen und die Kerne entfernen. Das Fruchtfleisch klein schneiden, wiegen und dasselbe Gewicht Zucker abwiegen.

/ Die Hokkaidostücke abwechselnd mit dem Zucker in eine Schüssel schichten. Die Vanilleschoten der Länge nach aufschlitzen. Das Vanillemark mit einer Messerspitze herauskratzen, um die kleinen schwarzen Körnchen herauszulösen, die das Aroma enthalten. Alles mit in die Schüssel geben. Mit einer Schicht Zucker enden. 3–4 Stunden einweichen (mazerieren) lassen.

/ Den Inhalt der Schüssel in einen Marmeladentopf umfüllen. Bei milder Hitze unter Rühren aufkochen. 2 Stunden köcheln lassen, dabei mehrmals umrühren. Die Gelierprobe machen: Einige Tropfen Marmelade sollten auf einem kalten Teller sofort fest werden.

/ Die Marmelade mischen, in die Gläser füllen und diese sofort verschließen.

KÜRBIS-KONFITÜRE
mit getrockneten Aprikosen

Ein Rezept vom Lande, um die vielen Kürbisse zu nutzen.

ZUBEREITUNG
Verteilt auf 2 Tage

MAZERIERZEIT
12 Std.

KOCHZEIT
15–20 Min.

ERGIBT CA.
4 Gläser à 375 g

ZUTATEN
350 g getrocknete Aprikosen
1 kg Kürbis
1 Vanilleschote
700 g Grießzucker

Variante

Fünf Minuten vor dem Ende der Kochzeit können Sie Walnusskerne oder Cashewnüsse zu der Konfitüre geben.

Erster Tag

/ Die getrockneten Aprikosen in eine kleine Schüssel geben, mit kochendem Wasser bedecken und zugedeckt 12 Stunden einweichen.

Zweiter Tag

/ Die Fäden von dem geschälten und entkernten Kürbis entfernen und das Fruchtfleisch klein würfeln.

/ Die Aprikosen abtropfen lassen, dabei 100 ml von dem Einweichwasser zurückbehalten. Die Aprikosen in einen Marmeladentopf geben und die Kürbiswürfel, die der Länge nach aufgeschlitzte Vanilleschote, den Zucker und das zurückbehaltene Einweichwasser zugeben.

/ Den Inhalt des Marmeladentopfes aufkochen und 15–20 Minuten unter gelegentlichem Umrühren bei schwacher Hitze kochen lassen. Am Ende der Kochzeit den Schaum abschöpfen. Ein Tropfen Konfitüre sollte auf einem kalten Teller nicht mehr verlaufen.

/ Die Vanilleschote herausnehmen, die Konfitüre in die Gläser füllen, diese mit Schraubdeckeln verschließen und auf den Kopf stellen. Erkalten lassen, dann erst wieder umdrehen.

KÜRBIS-KONFITÜRE

mit Zitrone und Rum

Diese leicht pikante Konfitüre verbindet die Süße des Kürbisses mit dem Geschmack der Gewürze und dem Rum-Aroma.

ZUBEREITUNG
Verteilt auf 2 Tage

MAZERIERZEIT
12 Std.

KOCHZEIT
ca. 30 Min.

ERGIBT CA.
4 Gläser à 375 g

ZUTATEN
1 kg Kürbis
3 unbehandelte Zitronen mit dünner Schale
2 Zimtstangen
1 Vanilleschote
750 g Grießzucker
2 EL brauner Rum

Variante
Der Rum kann wahlweise durch Armagnac ersetzt werden.

Erster Tag

/ Den Kürbis schälen, die Kerne und die Fäden entfernen, dann das Fruchfleisch klein würfeln. Die Zitronen waschen und abtrocknen, vierteln, entkernen und das Fruchtfleisch inklusive der Schale fein hacken.

/ Den Kürbis und die Zitronen in einen Marmeladentopf geben. Die Zimtstangen, die der Länge nach aufgeschlitzte Vanilleschote, den Zucker und 100 ml Wasser zugeben. Den Topf mit einem Geschirrtuch abdecken und 12 Stunden einweichen (mazerieren) lassen.

Zweiter Tag

/ Den Topfinhalt bei starker Hitze aufkochen, dann ca. 30 Minuten unter gelegentlichem Umrühren bei schwacher Hitze kochen lassen. Am Ende der Kochzeit den Schaum abschöpfen. Ein Tropfen Konfitüre sollte auf einem kalten Teller nicht mehr verlaufen. Den Topf vom Herd nehmen und den Rum unterrühren. Die Vanilleschote und die Zimtstangen herausnehmen.

/ Die Konfitüre in die Gläser füllen, diese mit Schraubdeckeln verschließen und auf den Kopf stellen. Erkalten lassen, dann erst wieder umdrehen.

HERBST

KÜRBIS-KONFITÜRE

mit Weißwein

Sowohl der Hokkaido- als auch der Gemüsekürbis eignen sich gut für Konfitüren. Nehmen Sie keinen lieblichen Weißwein, der Geschmack würde dadurch zu fade werden.

ZUBEREITUNG
Verteilt auf 2 Tage

MAZERIERZEIT
12 Std.

KOCHZEIT
ca. 25 Min.

ERGIBT CA.
4 Gläser à 375 g

ZUTATEN
1,3 kg Kürbis
200 ml trockener Weißwein
1 kg Grießzucker

Variante

Sie können diese Konfitüre mit einer Vanilleschote oder einer Zimtstange aromatisieren.

Erster Tag

/ Den Kürbis schälen, die Kerne und die Fäden entfernen und das Fruchtfleisch klein würfeln. Die Kürbiswürfel in einen Marmeladentopf geben. Den Wein und den Zucker zugeben. Den Topf mit einem Geschirrtuch abdecken und 12 Stunden einweichen (mazerieren) lassen.

Zweiter Tag

/ Die Kürbiswürfel mit einem Schaumlöffel herausnehmen und beiseitestellen. Die Wein-Zucker-Mischung bei starker Hitze aufkochen. So lange Kochen lassen, bis der Sirup die Konsistenz „schwacher Flug" erreicht hat. Dieses Stadium ist erreicht, wenn sich Perlen bilden, wenn Sie durch einen zuvor in den Sirup getauchten Schaumlöffel blasen.

/ Nun die Kürbiswürfel wieder in den Topf geben, erneut aufkochen, dann ca. 10 Minuten unter gelegentlichem Umrühren kochen lassen. Am Ende der Kochzeit den Schaum abschöpfen. Die Konfitüre ist fertig, wenn ein Tropfen davon auf einem kalten Teller nicht mehr verläuft.

/ Die Konfitüre in die Gläser füllen, diese mit Schraubdeckeln verschließen und auf den Kopf stellen. Erkalten lassen, dann erst wieder umdrehen.

KÜRBIS-MARMELADE

mit Zitronenzesten

Mit dieser Marmelade findet der bei Kindern sehr beliebte Halloween-Kürbis ein süßes Ende.

ZUBEREITUNG
20 Min.

MAZERIERZEIT
4 Std.

KOCHZEIT
45 Min.

ERGIBT CA.
4 Gläser à 500 g

ZUTATEN
1,5 kg Gemüsekürbis
ca. 800 g Grießzucker
6 unbehandelte Zitronen mit dünner Schale
50 ml Kirschwasser

Variante

Für einen kräftigeren Geschmack ein Stück frischen, geriebenen Ingwer beim Mazerieren dazugeben.

/ Den Kürbis schälen, die Kerne und die Fäden entfernen und das Fruchtfleisch klein würfeln. Die Kürbiswürfel in einen Topf mit kochendem Wasser legen. 10 Minuten kochen, dann abtropfen lassen.

/ Die Kürbiswürfel wiegen und in einen Marmeladentopf geben. Zucker im Verhältnis von 800 g pro Kilo abgetropftem Kürbis zugeben, den Topf mit einem Geschirrtuch abdecken und 4 Stunden einweichen (mazerieren) lassen.

/ Anschließend bei milder Hitze aufkochen. Unter gelegentlichem Umrühren 20 Minuten kochen lassen. Am Ende der Kochzeit den Schaum abschöpfen.

/ Parallel dazu die Zitronenzesten mit einem Sparschäler abziehen, dabei darauf achten, die weiße Haut unversehrt zu lassen. Die Schale in feine Streifen schneiden, diese 2 Minuten in kochendes Wasser legen, dann abtropfen lassen.

/ Die Zesten mit in den Marmeladentopf geben und unter gelegentlichem Umrühren weitere 15 Minuten kochen lassen. Am Ende der Kochzeit den Schaum abschöpfen. Die Marmelade ist fertig, wenn ein Tropfen davon auf einem kalten Teller nicht mehr verläuft. Den Topf vom Herd nehmen und das Kirschwasser unterrühren.

/ Die Marmelade in die Gläser füllen, diese mit Schraubdeckeln verschließen und auf den Kopf stellen. Erkalten lassen, dann erst wieder umdrehen.

HERBST

PFLAUMEN-MARMELADE

mit Haselnüssen

Die Römer kannten 500 verschiedene Pflaumensorten.

ZUBEREITUNG
20 Min.

KOCHZEIT
ca. 20 Min.

ERGIBT CA.
4 Gläser à 375 g

ZUTATEN
1,2 kg Pflaumen
1 rosa Grapefruit
750 g Grießzucker
100 g Haselnussblättchen

Variante

Nehmen Sie statt der Haselnüsse frische Walnüsse, wenn diese Saison haben, aber vergessen Sie nicht, die dünne Haut abzuziehen, mit der die frischen Walnusskerne überzogen sind.

/ Die Pflaumen waschen, halbieren und entkernen. Die Grapefruit auspressen.

/ Die Pflaumen, den Grapefruitsaft und den Zucker in einen Marmeladentopf geben. Bei starker Hitze aufkochen, dann bei schwacher Hitze unter gelegentlichem Umrühren 15 Minuten kochen lassen. Am Ende der Kochzeit den Schaum abschöpfen.

/ Die Nüsse untermischen und ca. 5 Minuten weiterkochen lassen. Die Gelierprobe machen: Ein Tropfen Marmelade sollte auf einem kalten Teller nicht mehr verlaufen.

/ Die Marmelade in die Gläser füllen, diese mit Schraubdeckeln verschließen und auf den Kopf stellen. Erkalten lassen, dann erst wieder umdrehen.

TRAUBEN-KONFITÜRE

Franz I. ließ in Fontainebleau die ersten Weinstöcke anpflanzen. Im Mittelmeerraum baute man aber schon länger Trauben an, um den Kult der ägyptischen und griechischen Götter zu zelebrieren.

ZUBEREITUNG
30 Min.

KOCHZEIT
15 Min.

ERGIBT CA.
4 Gläser à 375 g

ZUTATEN
1,4 kg weiße Muskateller-trauben
500 g Grießzucker
Saft von 1 Zitrone

Variante

Für die Zubereitung des Sirups können Sie wahlweise das Wasser durch 150 ml Weißwein ersetzen.

/ Die Trauben waschen und abzupfen. Die Weinbeeren mit 100 ml Wasser in einen Marmeladentopf geben, bei starker Hitze aufkochen und kochen lassen. Sobald die Traubenkerne nach oben steigen, diese mit einem Schaumlöffel herausholen und wegwerfen, dann auch die Weintrauben herausnehmen und beiseitestellen.

/ Den Zucker und 150 ml Wasser in den Marmeladentopf geben und bei starker Hitze kochen lassen, bis der Sirup eindickt und sich an der Oberfläche große Blasen bilden. Den Schaum abschöpfen und den Zitronensaft zugeben. Die Weintrauben wieder in den Sirup geben und mehrmals aufwallen lassen.

/ Die Trauben mithilfe eines Schaumlöffels auf die Gläser verteilen, dann den Sirup bei starker Hitze reduzieren lassen, bis er dicklich wird. Den Schaum abschöpfen und die Gläser mit dem Sirup auffüllen.

/ Die Gläser mit Schraubdeckeln verschließen und auf den Kopf stellen. Erkalten lassen, dann erst wieder umdrehen.

TRAUBEN-KONFITÜRE

mit Haselnüssen

Für dieses Rezept müssen die Trauben durch und durch reif sein.

ZUBEREITUNG
30 Min.

KOCHZEIT
ca. 20 Min.

RUHEZEIT
12 Std.

ERGIBT CA.
4 Gläser à 375 g

ZUTATEN
1 kg schwarze Muskatellertrauben, reif aber mit festen Beeren
800 g Grießzucker
75 g Haselnussblättchen

Variante

Diese Konfitüre kann auch mit weißen Italia-Trauben zubereitet werden.

/ Die Trauben waschen und abzupfen. Große Trauben entkernen, kleinere Trauben zerdrücken, um den Saft zu gewinnen. Die Trauben zusammen mit dem Saft wiegen.

/ Den Zucker und 100 ml Wasser in einen Marmeladentopf geben. Bei starker Hitze aufkochen und so lange kochen lassen, bis sich an der Oberfläche große Blasen bilden. Die ganzen Trauben in den Sirup geben, mehrmals aufwallen lassen, dann den Topf vom Herd nehmen und 12 Stunden ruhen lassen.

/ Nach Ablauf dieser Zeit die Trauben mithilfe eines Schaumlöffels herausnehmen und beiseitestellen. Den Saft der zerdrückten Trauben mit in den Topf geben und bei milder Hitze kochen lassen, bis der Sirup einen Schaumlöffel mit einem glänzenden Film überzieht. Die beiseitegestellten Trauben wieder in den Topf geben und mehrmals aufwallen lassen. Den Schaum abschöpfen, dann den Topf vom Herd nehmen und die Haselnussblättchen untermischen.

/ Die Konfitüre abkühlen lassen, bevor sie in die Gläser gefüllt wird. Die Trauben und Nüsse möglichst gleichmäßig in den Gläsern verteilen. Diese mit Schraubdeckeln verschließen.

TRAUBEN-GELEE
mit Weißwein

Dieses feine goldfarbene Gelee ist eine Freude für jeden Feinschmecker. Es eignet sich als köstliche Begleitung zu einer Galette oder zu einem lauwarmen Hefegebäck, ergibt aber auch einen hervorragenden Überzug für eine Apfel- oder Nusstarte.

ZUBEREITUNG
20 Min.

KOCHZEIT
ca. 1 Std. 10 Min.

ERGIBT CA.
4 Gläser à 350 g

ZUTATEN
- 1 kg reife weiße Trauben
- 500 g säuerliche Äpfel
- 1 unbehandelte Zitrone
- 1 kg Kristallzucker
- 200 ml trockener Weißwein
- 1 Vanilleschote

Tipp
Es ist wichtig, die Apfelkerne und Apfelschalen mitzuverwenden, denn sie enthalten das Pektin, das für den Geliervorgang unverzichtbar ist.

/ Die Trauben waschen und abzupfen. Die Äpfel mit Schale und Kerngehäuse klein schneiden. Die Zitrone in dünne Scheiben schneiden.

/ Den Weißwein in einem Topf aufkochen. Die Trauben dazugeben. 15 Minuten kochen lassen, dabei die Trauben zerdrücken.

/ Nun die Äpfel, die Zitronenscheiben und die der Länge nach aufgeschlitzte Vanilleschote zugeben. Bei milder Hitze 20–25 Minuten weiterkochen, bis die Früchte zu Püree geworden sind.

/ Die Mischung ohne Druck auf die Früchte durch ein feines Sieb filtern. Den gewonnenen Saft abmessen und 1 Kilo Zucker pro Liter Saft abwiegen.

/ Den Zucker und den Saft zusammen in einen Marmeladentopf geben. Bei milder Hitze aufkochen, dann bei starker Hitze ca. 30 Minuten kochen lassen. Die Gelierprobe machen: Einige Tropfen Gelee sollten auf einem kalten Teller sofort fest werden.

/ Das Gelee in die Gläser füllen. Bis zum nächsten Tag abkühlen lassen, dann die Gläser verschließen.

TRAUBEN-GELEE

mit Orangenzesten

Dieses hübsche, mit Trauben der Rebsorte Italia zubereitete Gelee wird mit dünnen Streifen Orangenschale durchsetzt.

ZUBEREITUNG
30 Min.

KOCHZEIT
ca. 20 Min.

ERGIBT CA.
4 Gläser à 375 g

ZUTATEN
2 unbehandelte Orangen
1 kg weiße, große Trauben
ca. 800 g Grießzucker

Variante

Sie können die Orangenzesten durch die Zesten von 3 Zitronen mit dünner Schale ersetzen.

/ Die Orangenschalen in feinen Streifen abziehen. Diese 5 Minuten in kochendes Wasser legen, dann abtropfen lassen.

/ Die Trauben waschen und abzupfen. Die Trauben in einen Topf geben und 200 ml Wasser zugießen. Bei starker Hitze aufkochen, dann bei milder Hitze 5 Minuten kochen lassen.

/ Die Trauben durch ein Passiergerät mit feinem Aufsatz passieren, um den Saft zu gewinnen. Diesen durch ein mit einem Passiertuch ausgelegtes Sieb in eine Schüssel filtern.

/ Den Traubensaft abmessen, dann den Saft in einen Marmeladentopf gießen und den Zucker im Verhältnis von 800 g pro Liter Saft zugeben. Aufkochen und 10–15 Minuten kochen lassen. Am Ende der Kochzeit den Schaum abschöpfen. Das Gelee ist fertig, wenn ein Tropfen auf einem kalten Teller nicht mehr verläuft.

/ Nun die Orangenzesten zugeben und weitere 2–3 Minuten kochen.

/ Das Gelee in Gläser, die kurz mit kochendem Wasser ausgespült wurden, füllen und unter einem Geschirrtuch abkühlen lassen. Erst dann mit Schraubdeckeln verschließen.

WINTER

ANANAS-KONFITÜRE

Ananas enthält kein Pektin, daher bekommt die Konfitüre durch den Gelierzucker die ideale Konsistenz. Die Säure der grünen Zitrone unterstreicht die Süße dieser Südseefrucht ganz wunderbar.

ZUBEREITUNG
30 Min.

MAZERIERZEIT
1 Std.

KOCHZEIT
10 Min.

ERGIBT CA.
4 Gläser à 350 g

ZUTATEN
1 kg Ananas-Fruchtfleisch
400 g Gelierzucker
400 g Kristallzucker
Saft von 4 grünen Zitronen

Tipp

Wählen Sie einen geschmacklich neutralen Gelierzucker auf pflanzlicher Basis. Meiden Sie den klassischen Gelierzucker auf Basis von Pektin und Zitronensäure, dieser ist zu sauer. Für eine gute Konsistenz reicht es, eine Hälfte Gelierzucker und eine Hälfte Kristallzucker zu verwenden.

/ Wählen Sie süße Ananas im genau richtigen Reifegrad. Die Früchte schälen und vierteln. Den harten Strunk in der Mitte herausschneiden. Die Viertel klein schneiden.

/ Die Ananasstücke zusammen mit dem Gelierzucker, dem Kristallzucker und dem Saft von 3 der grünen Zitronen in eine Schüssel geben. 1 Stunde einweichen (mazerieren) lassen.

/ Den Inhalt der Schüssel in einen Marmeladentopf umfüllen. Bei starker Hitze aufkochen. 8–10 Minuten unter ständigem Rühren kochen lassen. Die Gelierprobe machen: Einige Tropfen Konfitüre sollten auf einem kalten Teller langsam verlaufen.

/ Am Ende der Kochzeit den Schaum abschöpfen, dann den Saft der letzten Zitrone unterrühren. Die Konfitüre in die Gläser füllen und diese sofort verschließen.

WINTER

MARMELADE AUS ANANAS, APFEL UND GRÜNER ZITRONE

Um bei dieser Marmelade das bestmögliche Aroma zu erzielen, verwenden Sie nach Möglichkeit eine reif eingeflogene Ananas.

ZUBEREITUNG
15 Min.

MAZERIERZEIT
6 Std.

KOCHZEIT
15–20 Min.

ERGIBT CA.
4 Gläser à 375 g

ZUTATEN
1 Ananas (1,5 kg)
1 säuerlicher Apfel
Saft von 1 grünen Zitrone
1 TL Vanilleessenz
700 g Grießzucker

Variante

Der Saft der grünen Zitrone kann durch den Saft einer halben Orange ersetzt werden.

/ Die Ananas schälen, dabei auch die „Augen“ entfernen. Der Höhe nach vierteln, den harten Strunk in der Mitte herausschneiden und das Fruchtfleisch klein würfeln. Den Apfel schälen, vierteln, das Kerngehäuse sowie die Kerne entfernen und das Fruchtfleisch in dünne Scheiben schneiden.

/ Die Ananas- und die Apfel-Stücke in einen Marmeladentopf geben. Den Saft der grünen Zitrone und die Vanilleessenz zugeben. Den Zucker darauf verteilen. Den Topf mit einem Geschirrtuch abdecken und 6 Stunden einweichen (mazerieren) lassen.

/ Nach Ablauf dieser Zeit den Topfinhalt bei starker Hitze aufkochen, dann bei schwacher Hitze 15–20 Minuten unter gelegentlichem Rühren kochen lassen. Am Ende der Kochzeit den Schaum abschöpfen. Die Marmelade ist fertig, wenn ein Tropfen davon auf einem kalten Teller nicht mehr verläuft.

/ Die Marmelade in die Gläser füllen, diese mit Schraubdeckeln verschließen und auf den Kopf stellen. Erkalten lassen, dann erst wieder umdrehen.

ANANAS-MARMELADE

mit Sultaninen

Die Sultaninen und die aromatische Ananas verbinden sich zu einer geschmacklich ausgewogenen Marmelade.

ZUBEREITUNG
Verteilt auf 2 Tage

MAZERIERZEIT
12 Std.

KOCHZEIT
ca. 15 Min.

ERGIBT CA.
4 Gläser à 375 g

ZUTATEN
1 Ananas (1,5 kg)
200 g Sultaninen
Saft von 1 grünen Zitrone
850 g Grießzucker
100 ml weißer Rum

Variante

Auch Baileys verleiht dieser Marmelade ein feines Aroma. Er wird optional am Ende der Kochzeit zugegeben.

Erster Tag

/ Stiel und Blattschopf der Ananas entfernen, die Frucht schälen und die „Augen“ entfernen. Die Frucht der Höhe nach sechsteln und den harten Strunk in der Mitte herausschneiden. Das Fruchtfleisch klein schneiden.

/ Die Ananas in einen Marmeladentopf geben. Die Sultaninen, den Zitronensaft und 100 ml Wasser zugeben. Den Zucker darauf verteilen. Den Topf mit einem Geschirrtuch abdecken und 12 Stunden einweichen (mazerieren) lassen.

Zweiter Tag

/ Den Topfinhalt bei starker Hitze aufkochen, dann ca. 15 Minuten unter gelegentlichem Umrühren bei schwacher Hitze kochen lassen. Am Ende der Kochzeit den Schaum abschöpfen. Die Früchte sollen durchscheinend werden und ein Tropfen der Marmelade sollte auf einem kalten Teller nicht mehr verlaufen. Nun den Rum zugießen und unter Rühren mehrmals aufwallen lassen.

/ Die Marmelade in die Gläser füllen, diese mit Schraubdeckeln verschließen und auf den Kopf stellen. Erkalten lassen, dann erst wieder umdrehen.

BANANEN-KONFITÜRE

mit Schokolade

Diese gehaltvolle und aromatische Konfitüre bringt frischen Wind auf den Frühstückstisch. Auch auf warmen Crêpes schmeckt sie lecker und eignet sich zum Süßen von Joghurt oder Quark oder als Füllung für eine von der Südsee inspirierte Biskuitrolle, die üppig mit Kokosraspeln bestreut wird.

ZUBEREITUNG
Verteilt auf 2 Tage

RUHEZEIT
12 Std.

KOCHZEIT
ca. 15 Min.

ERGIBT CA.
4 Gläser à 350 g

ZUTATEN
1 kg Bananen
800 g Kristallzucker
1 Vanilleschote
250 g dunkle Schokolade mit hohem Kakaoanteil
Saft von 1 Zitrone

Variante

Wenn die Konfitüre nicht für Kinder bestimmt ist, kann sie am Ende der Kochzeit mit 2 Esslöffeln Rum aromatisiert werden.

Erster Tag

/ Die Bananen schälen und in Scheiben schneiden. Sofort mit dem Zitronensaft beträufeln.

/ Die mit dem Zitronensaft beträufelten Bananenscheiben in einen Topf geben. 200 ml Wasser, den Zucker und die der Länge nach aufgeschlitzte Vanilleschote zugeben. Sobald die Masse zu köcheln beginnt, den Topf vom Herd nehmen. Die Schokolade zugeben und unter ständigem Rühren schmelzen lassen. Die Masse in eine Schüssel gießen, zudecken und 12 Stunden an einem kühlen Ort ruhen lassen.

Zweiter Tag

/ Die Masse in einen Topf umfüllen. Bei starker Hitze unter Rühren aufkochen. 5 Minuten bei milder Hitze unter ständigem Rühren kochen lassen. Die Vanilleschote herausnehmen und am Ende der Kochzeit den Schaum abschöpfen. Die Konfitüre zu einer feinen Konsistenz mixen.

/ Den Topfinhalt erneut aufkochen. Die Konfitüre verrühren, in die Gläser füllen und diese sofort verschließen.

BANANEN-MARMELADE

mit grüner Zitrone und Orange

Eine tolle Konfitüre – leicht zubereitet.

ZUBEREITUNG
20 Min.

MAZERIERZEIT
6 Std.

KOCHZEIT
ca. 25 Min.

ERGIBT CA.
4 Gläser à 375 g

ZUTATEN
1 unbehandelte grüne Zitrone
1 unbehandelte Orange
1,5 kg Bananen
1 TL Vanilleessenz
700 g Grießzucker

Variante

Auch Kochbananen eignen sich sehr gut für die Zubereitung dieser schmackhafen Konfitüre.

/ Die Zitrone und die Orange waschen und abtrocknen. Mit der Schale in Scheiben schneiden, die Kerne entfernen. Die Orangenscheiben vierteln, die Zitronenscheiben halbieren und den dabei austretenden Saft auffangen. Die Bananen schälen, die Fäden abziehen und das Fruchtfleisch in Scheiben schneiden.

/ Alle Früchte und den Saft, den sie abgegeben haben, in einen Marmeladentopf geben. Die Vanilleessenz zugeben. Den Zucker darauf verteilen, den Topf mit einem Geschirrtuch abdecken und 6 Stunden einweichen (mazerieren) lassen.

/ Nach Ablauf dieser Zeit den Topfinhalt bei starker Hitze aufkochen, dann bei schwacher Hitze ca. 25 Minuten unter gelegentlichem Umrühren kochen lassen. Am Ende der Kochzeit den Schaum abschöpfen. Die Marmelade ist fertig, sobald sie eine hellbraune Farbe bekommen hat und ein Tropfen auf einem kalten Teller nicht mehr verläuft.

/ Die Marmelade in die Gläser füllen, diese mit Schraubdeckeln verschließen und auf den Kopf stellen. Erkalten lassen, dann erst wieder umdrehen.

KAROTTEN-KONFITÜRE

mit Orangenabrieb und Pistazien

Der Vorfahre der Karotte war dunkelviolett, beinahe schwarz. Die gelbe Sorte tauchte wahrscheinlich als Folge einer Mutation auf. Beide Sorten wurden von den Griechen und Römern wegen ihrer heilenden Eigenschaften verwendet. Mitte des 19. Jahrhunderts wurde die Karotte dank des Eingreifens französischer Agrarwissenschaftler orange.

ZUBEREITUNG
Verteilt auf 2 Tage

MAZERIERZEIT
12 Std.

KOCHZEIT
ca. 20 Min.

ERGIBT CA.
4 Gläser à 375 g

ZUTATEN
1 kg Karotten
4 unbehandelte Orangen mit dünner Schale
750 g Grießzucker
50 g ungesalzene Pistazien

Variante

Sie können die Orangen durch eine kleine Grapefruit ersetzen.

Erster Tag

/ Die Karotten schälen, dann mit der Küchenmaschine in dünne Scheiben schneiden. Die Orangen waschen und abtrocknen, die Schale fein abreiben, den Saft auspressen.

/ Die Karotten, den Zucker, die Orangenschale und den -saft nacheinander in einen Marmeladentopf schichten. Den Topf mit einem Geschirrtuch abdecken und 12 Stunden einweichen (mazerieren) lassen.

Zweiter Tag

/ Alles bei starker Hitze aufkochen und unter gelegentlichem Umrühren ca. 20 Minuten kochen lassen. Am Ende der Kochzeit den Schaum abschöpfen. Die Gelierprobe machen: Ein Tropfen der Konfitüre sollte auf einem kalten Teller nicht mehr verlaufen. Die geschälten Pistazien zugeben, umrühren und mehrmals aufwallen lassen.

/ Die Marmelade in die Gläser füllen, diese mit Schraubdeckeln verschließen und auf den Kopf stellen. Erkalten lassen, dann erst wieder umdrehen.

WINTER

KAROTTEN-MARMELADE

mit Orangen

Durch ihre natürliche Süße verwandeln sich die Karotten in eine leckere Marmelade, die Sie auf Muffins, Toast oder Hefegebäck genießen können.

ZUBEREITUNG
30 Min.

MAZERIERZEIT
6 Std.

KOCHZEIT
ca. 1 Std.

ERGIBT CA.
4 Gläser à 350 g

ZUTATEN
1 kg Karotten
4 unbehandelte Orangen mit dünner Schale
800 g Kristallzucker
½ Zitrone

Variante

Sie können die Orangen- und Zitronenkerne in einem Musselinsäckchen mitkochen. Sie enthalten viel Pektin, somit wird die Marmelade fester.

/ Die Karotten schälen, waschen und fein reiben. Wiegen und dasselbe Gewicht an Zucker abwiegen. Von einer der Orangen die Zesten abziehen, klein schneiden und unter die Karotten mischen.

/ In einer Schüssel die Karotten und den Zucker abwechselnd schichten. 3 Orangen sowie die halbe Zitrone auspressen. Den Schüsselinhalt mit dem Orangen- und Zitronensaft übergießen. 6 Stunden einweichen (mazerieren) lassen.

/ Den Inhalt der Schüssel in einen Marmeladentopf umfüllen. Bei milder Hitze unter ständigem Rühren aufkochen. Ca. 1 Stunde kochen lassen, dabei mehrmals umrühren. Die Gelierprobe machen: Einige Tropfen der Marmelade sollten auf einem kalten Teller sofort fest werden.

/ Die Marmelade ein letztes Mal verrühren, in die Gläser füllen und diese sofort verschließen.

LEMON CURD

Diese zugleich säuerliche und sehr süße englische Spezialität wird als Konfitüre auf warmen Crêpes oder zum Füllen eines Kuchens verwendet. Sie hält sich im Kühlschrank höchstens 14 Tage, da sie Eier enthält.

ZUBEREITUNG
20 Min.

KOCHZEIT
25 Min.

ERGIBT CA.
1 Glas mit 350 g

ZUTATEN
3 unbehandelte Zitronen
3 Eier
250 g Kristallzucker
50 g Butter

Tipp

Nehmen Sie zum Kochen einen Edelstahltopf mit schwerem Boden. Die Wärmezufuhr gedrosselt halten. Den Topf zwischendurch immer wieder vom Herd nehmen, um ein Zuviel an Hitze zu vermeiden.

/ Die Schalen von 2 der 3 Zitronen fein abreiben. In ein feinmaschiges Sieb geben und darin 2 Minuten in einen Topf mit kochendem Wasser tauchen. Abschrecken und abtropfen lassen.

/ Alle Zitronen auspressen. Den Saft in einen Topf gießen. Die Zitronenschalen, den Zucker und die Butter zugeben. Bei milder Hitze unter Rühren kochen, bis der Zucker sich völlig aufgelöst hat.

/ Die Eier in einer kleinen Schüssel mit einer Gabel schaumig schlagen. Unter ständigem Rühren mit einem Holzlöffel die Eier langsam in den Topf gießen. Weitere ca. 20 Minuten bei sehr milder Hitze weitergaren lassen, bis die Masse eindickt – sie sollte dabei jedoch nie kochen.

/ Sobald die Masse auf einem Holzlöffel einen Film bildet, in das Glas füllen und dieses sofort verschließen. Das Glas nach dem Abkühlen in der Kühlschranktür aufbewahren und innerhalb von 2 Wochen verbrauchen.

CLEMENTINEN-KONFITÜRE

Bereiten Sie diese Konfitüre im Dezember mit Clementinen aus Korsika zu. Es sind die einzigen, die mit Blättern angeboten und nach der Ernte nicht behandelt werden. Servieren Sie diese Konfitüre an Weihnachten zum Frühstück oder verschenken Sie sie in der Weihnachtszeit an die größten Leckermäulchen unter Ihren Freunden.

ZUBEREITUNG
30 Min.

KOCHZEIT
50 Min.

ERGIBT CA.
4 Gläser à 350 g

ZUTATEN
1 kg unbehandelte Clementinen
ca. 850 g Würfelzucker

Variante

Für ein feines Aroma können Sie zu Beginn der Kochzeit eine der Länge nach aufgeschlitzte Vanilleschote zugeben. Vor dem Abfüllen in die Gläser die Schote herausnehmen.

/ Die Clementinen waschen und schälen. Die Schalen 5 Minuten in kochendem Wasser kochen. Abschrecken und abtropfen lassen. Die Schalen mit einer Schere in feine Stifte schneiden.

/ Die weißen Häutchen von den Clementinen abziehen. Die Clementinenspalten trennen. Die Kerne entfernen und in ein Musselinsäckchen geben.

/ Die Clementinenspalten wiegen. Dasselbe Gewicht an Zucker abwiegen.

/ Den Zucker mit 200 ml Wasser in einen Marmeladentopf geben. Aufkochen. Nun die Clementinenschalen, -spalten und -kerne zugeben.

/ Ca. 45 Minuten unter häufigem Rühren kochen lassen. Die Gelierprobe machen: Einige Tropfen der Konfitüre sollten auf einem kalten Teller sofort fest werden.

/ Das Säckchen mit den Kernen herausnehmen. Die Konfitüre verrühren und in die Gläser füllen. Komplett erkalten lassen, dann erst die Gläser verschließen.

GRANATAPFEL-GELEE

mit Orangenzesten

Der Name Granatapfel leitet sich von dem lateinischen Wort „Granatum“ ab und bedeutet „Kernfrucht“.

ZUBEREITUNG
30 Min.

RUHEZEIT
1 Std.

KOCHZEIT
20–25 Min.

ERGIBT CA.
4 Gläser à 375 g

ZUTATEN
1,5 kg Granatäpfel
2 unbehandelte Orangen
ca. 900 g Grießzucker
Saft von 1 Zitrone

Tipp
Beim Herauslösen der Granatapfelkerne darauf achten, nichts von der sehr bitteren Schale zu erfassen, die den Geschmack des Gelees beeinträchtigen könnte.

/ Die Granatäpfel halbieren und die Kerne mit einem Teelöffel herauslösen. Die Orangenzesten in feinen Streifen abziehen.

/ Die Granatapfelkerne wiegen und mit demselben Gewicht an Wasser in einen Topf geben. Bei starker Hitze aufkochen, dann 10 Minuten leicht köcheln lassen.

/ Die Granatapfelkerne und das Wasser durch ein mit einem Passiertuch ausgelegtes Sieb in ein Gefäß gießen und den Saft ohne Druck auf die Kerne ablaufen lassen. Dieser Vorgang dauert ca. 1 Stunde.

/ Den gewonnenen Granatapfelsaft wiegen. Den Saft zusammen mit demselben Gewicht an Zucker in einen Marmeladentopf geben. Den Zitronensaft und die Orangenzesten zugeben.

/ Den Topfinhalt bei starker Hitze aufkochen, dann unter gelegentlichem Umrühren 10–15 Minuten kochen lassen. Am Ende der Kochzeit den Schaum abschöpfen. Das Gelee ist fertig, wenn ein Tropfen davon auf einem kalten Teller nicht mehr verläuft.

/ Die Marmelade in die Gläser füllen, diese mit Schraubdeckeln verschließen und auf den Kopf stellen. Erkalten lassen, dann erst wieder umdrehen.

KIWI-KONFITÜRE

mit grünen Zitronen

Ab Ende November heißt es Bühne frei für die französischen Kiwis. Frankreich ist in Europa der drittgrößte Produzent dieser Frucht, die außer ihrem Namen heute nichts Exotisches mehr hat. Wie im Falle der Ananas ist die Beigabe von Zitronensaft auch für diese Kiwi-Konfitüre unverzichtbar, um das Fehlen von Pektin und Säure auszugleichen.

ZUBEREITUNG
20 Min.

KOCHZEIT
8–10 Min.

ERGIBT CA.
4 Gläser à 350 g

ZUTATEN
1 kg Kiwis (geschält)
Saft von 4 grünen Zitronen
400 g Gelierzucker
400 g Kristallzucker

Tipp

Vermeiden Sie es, zum Pürieren der Kiwis einen Mixer zu verwenden, da die kleinen schwarzen Körnchen die Konfitüre bitter machen könnten, wenn sie zerdrückt werden.

/ Die geschälten Kiwis klein schneiden. Durch ein feines Sieb oder ein Passiergerät mit feinem Aufsatz passieren.

/ Das gewonnene Püree in einen Marmeladentopf geben. Den Saft von 3 der 4 Zitronen, den Gelierzucker und den Kristallzucker zugeben. Unter Rühren aufkochen. Bei starker Hitze 8–10 Minuten unter häufigem Rühren kochen lassen. Die Gelierprobe machen: Einige Tropfen der Konfitüre sollten auf einem kalten Teller sehr langsam verlaufen.

/ Den Saft der letzten grünen Zitrone zugeben. Am Ende der Kochzeit den Schaum abschöpfen und die Konfitüre ein letztes Mal verrühren. In die Gläser füllen und diese sofort verschließen.

KIWI-ANANAS-MARMELADE

Eine samtige Marmelade, bei der sich das Aroma der Ananas und die Säure der Kiwi verbinden. Zwei exotische Früchte, die bei uns ganzjährig auf dem Markt sind, gehen in dieser schmackhaften Konfitüre eine glückliche Verbindung ein.

ZUBEREITUNG
Verteilt auf 2 Tage

MAZERIERZEIT
12 Std.

KOCHZEIT
15–20 Min.

ERGIBT CA.
4 Gläser à 500 g

ZUTATEN
1 Ananas (1,5 kg)
5 reife aber feste Kiwis
1 kg Grießzucker
Saft von 1 Zitrone

Tipp

Wenn die Kiwis zu fest sind, legen Sie sie zusammen mit einem Apfel in eine Plastiktüte: Das Ethylen, das vom Apfel freigesetzt wird, regt den Reifungsprozess der Kiwis an.

Erster Tag

/ Die Kiwis schälen und in Scheiben schneiden. Die Ananas schälen und auch die „Augen“ entfernen. Der Höhe nach vierteln und den harten Strunk in der Mitte herausschneiden. Das Fruchtfleisch würfeln, dabei den austretenden Saft auffangen.

/ Die Ananas und die Kiwis über einem Marmeladentopf durch ein Passiergerät passieren, anschließend den Zucker über der Fruchtmasse verteilen. Den Topf mit einem Geschirrtuch abdecken und 12 Stunden einweichen (mazerieren) lassen.

Zweiter Tag

/ Den Zitronensaft in den Topf geben. Den Topfinhalt unter Rühren bei mittlerer Hitze aufkochen, anschließend unter gelegentlichem Umrühren 15–20 Minuten kochen lassen. Am Ende der Kochzeit den Schaum abschöpfen. Die Marmelade ist fertig, wenn ein Tropfen davon auf einem kalten Teller nicht mehr verläuft.

/ Die Marmelade in die Gläser füllen, diese mit Schraubdeckeln verschließen und auf den Kopf stellen. Erkalten lassen, dann erst wieder umdrehen.

MILCH-KONFITÜRE

In Südamerika ist diese Konfitüre unter der Bezeichnung „Dulce de Leche“ ein beliebter Leckerbissen unter Kindern. Sie schmeckt köstlich auf heißen Crêpes oder Waffeln.

ZUBEREITUNG
10 Min.

KOCHZEIT
2 Std.

ERGIBT CA.
1 Glas mit 250 g

ZUTATEN
1 l Vollmilch
500 g Sandzucker
1 Vanilleschote

Variante

Sie können für dieses Rezept auch eine Dose Dosenmilch nehmen. Die Dose öffnen und in ein siedendes Wasserbad stellen, dabei darauf sachten, dass die Dose immer zu 2/3 im Wasser steht. 1 3/4–2 Stunden kochen. Am Ende der Garzeit hat die Dosenmilch eine Konsistenz wie Honig. In das Glas füllen und dieses sofort verschließen.

/ Die Milch in einen großen Topf gießen. Den Zucker und die der Länge nach aufgeschlitzte Vanilleschote zugeben. Bei sehr schwacher Hitze unter Rühren aufkochen. 2 Stunden leicht köcheln lassen, dabei gelegentlich umrühren.

/ Gegen Ende der Kochzeit ständig rühren, bis die Masse dicklich wird und eine Farbe wie heller Karamell bekommt. Die Vanilleschote herausnehmen. Die Konfitüre mischen, in das Glas füllen und dieses sofort verschließen.

/ Die Konfitüre vor dem Servieren 48 Stunden an einem kühlen Ort ruhen lassen. In der Kühlschranktür aufbewahren und innerhalb von 3 Wochen aufbrauchen.

MARONEN-KONFITÜRE
mit Vanille

Um Maronen von Esskastanien zu unterscheiden, zählen Sie die Früchte, die in einer Kastanienschale enthalten sind: Bei den Maronen enthält eine Schale nur eine Frucht, bei den Esskastanien zwei. Der Geschmack ist identisch. Welche Sorte Sie für diese Winterkonfitüre verwenden, bleibt Ihnen überlassen.

ZUBEREITUNG
30 Min.

KOCHZEIT
1 Std. 10 Min.

ERGIBT CA.
4 Gläser à 350 g

ZUTATEN
1,5 kg Maronen oder Esskastanien
1 kg Würfelzucker
2 Vanilleschoten

Tipp

Um Zeit zu sparen, können Sie TK-Maronen nehmen, die Sie nur ca. 20 Minuten in kochendem Wasser kochen müssen.

/ Eine Schicht der Maronenschalen einschneiden. Die Maronen 5 Minuten in kochendem Wasser kochen. 10 Minuten abkühlen lassen, dann die noch warmen Maronen schälen, dabei beide Schalenschichten entfernen.

/ Die geschälten Maronen in einen Topf geben. 35–40 Minuten kochen lassen, bis sie sich leicht zerdrücken lassen.

/ Die Maronen abtropfen lassen, anschließend zwei Mal durch die Passiermühle passieren – erst mit einem mittleren Aufsatz, dann mit einem feinen Aufsatz. Das gewonnene Püree wiegen. Dieselbe Zuckermenge abwiegen.

/ Den Zucker und 200 ml Wasser in einen Marmeladentopf geben und aufkochen. 3 Minuten kochen lassen, dann das Maronenpüree und die der Länge nach aufgeschlitzten Vanilleschoten zugeben. Gut mischen. Bei schwacher Hitze unter häufigem Rühren 20 Minuten kochen lassen. Die Gelierprobe machen: Einige Tropfen der Konfitüre sollten auf einem kalten Teller nur langsam verlaufen.

/ Die Vanilleschoten herausnehmen. Die Konfitüre verrühren und in die Gläser füllen. Komplett erkalten lassen, dann die Gläser nach der gewünschten Methode verschließen. An einem kühlen Ort aufbewahren.

ZWIEBEL-KONFITÜRE

Der süß-saure Geschmack dieser Zwiebel-Konfitüre passt wunderbar zu kaltem Braten, Schweinefleisch in jeder Form, Entenbrust, dem französischem Fleischeintopf „Pot-au-Feu“ und natürlich zu Wild.

ZUBEREITUNG
20 Min.

KOCHZEIT
1 Std. 20 Min.

ERGIBT CA.
3 Gläser à 350 g

ZUTATEN
1 kg Zwiebeln
100 g Butter
200 g Kristallzucker
250 ml kräftiger Rotwein
100 ml Weinessig
50 ml Crème de Cassis
Salz & Pfeffer

Tipp
Diese Konfitüre enthält Butter, daher muss sie in der Kühlschranktür aufbewahrt und innerhalb von 3 Wochen aufgebraucht werden.

/ Die Zwiebeln häuten und in dünne Scheiben schneiden.

/ In einem Topf die Butter bei schwacher Hitze zerlassen. Die Zwiebeln zugeben und bei schwacher Hitze 10 Minuten anbraten. Salzen, pfeffern und den Zucker zugeben. Zugedeckt bei sehr schwacher Hitze 30 Minuten weitergaren, dabei häufig umrühren, damit die Zwiebeln nicht am Topfboden ansetzen.

/ Den Rotwein und den Weinessig in den Topf gießen. Ohne Deckel weitere 35–40 Minuten kochen, bis die Flüssigkeit komplett reduziert ist. Am Ende der Kochzeit mit dem Crème-de-Cassis-Likör aromatisieren.

/ Die Konfitüre ein letztes Mal verrühren, in die Gläser füllen und diese sofort verschließen.

WINTER

ORANGEN-ANANAS-KONFITÜRE

Christoph Kolumbus brachte die Ananas, die er auf Guadeloupe entdeckt hatte, nach Europa.

ZUBEREITUNG
20 Min.

MAZERIERZEIT
2 Std.

KOCHZEIT
10–15 Min.

ERGIBT CA.
4 Gläser à 375 g

ZUTATEN
500 g unbehandelte Orangen
1 Ananas (1,4 kg)
850 g Rohrzucker
100 ml weißer Rum

/ Die Orangen 2 Minuten in kochendes Wasser legen. Abtropfen lassen, dann in Scheiben schneiden und die Kerne entfernen. Anschließend das Fruchtfleisch mit der Schale klein würfeln.

/ Die Ananas schälen, vierteln und den harten Strunk in der Mitte herausschneiden. Das Fruchtfleisch klein würfeln.

/ Die Früchte in einen Marmeladentopf geben und den Zucker darüber verteilen. Den Topf mit einem Geschirrtuch abdecken und 2 Stunden einweichen (mazerieren) lassen.

/ Nach Ablauf dieser Zeit den Topfinhalt bei starker Hitze aufkochen, dann unter gelegentlichem Umrühren 10–15 Minuten kochen lassen. Am Ende der Kochzeit den Schaum abschöpfen. Die Mischung sollte eindicken und die Früchte sollten durchscheinend werden. Die Konfitüre ist fertig, wenn ein Tropfen davon auf einem kalten Teller nicht mehr verläuft. Nun den Rum unterrühren.

/ Die Konfitüre in die Gläser füllen, diese mit Schraubdeckeln verschließen und auf den Kopf stellen. Erkalten lassen, dann erst wieder umdrehen.

ORANGEN-KONFITÜRE

mit Orangenblütenwasser

Von der Bitterorange stammen die Orangenblüten, die man mazerieren lässt und dann destilliert, um das sehr aromatische Orangenblütenwasser zu erhalten.

ZUBEREITUNG
20 Min.

EINWEICHZEIT
2 Std.

KOCHZEIT
40 Min.

ERGIBT CA.
4 Gläser à 375 g

ZUTATEN
1,2 kg kleine unbehandelte Orangen
850 g Grießzucker
50 ml Orangenblütenwasser

Tipp
Orangen sind genau auf den Punkt gekocht, wenn ein Stecknadelkopf die Schale problemlos durchstoßen kann.

/ Die Orangen in einen Marmeladentopf geben und mit kaltem Wasser bedecken. Aufkochen und 20 Minuten kochen lassen. Die Früchte anschließend in ein Gefäß mit kaltem Wasser legen und 2 Stunden einweichen, das Wasser währenddessen 2–3 Mal wechseln. Die Orangen abtropfen lassen und in dünne Scheiben schneiden, den dabei austretenden Saft auffangen.

/ Den Zucker und 100 ml Wasser in den Topf geben. Aufkochen und mehrmals aufwallen lassen. Die Orangenscheiben und den Orangensaft zugeben. Ca. 20 Minuten unter gelegentlichem Umrühren kochen lassen, am Ende der Kochzeit den Schaum abschöpfen. Ein Schaumlöffel, der in den Sirup getaucht wird, soll beim Herausziehen von einem glatten glänzenden Film überzogen sein. Nun das Orangenblütenwasser zugeben, mischen und den Topf vom Herd nehmen.

/ Die Konfitüre in die Gläser füllen, diese mit Schraubdeckeln verschließen und auf den Kopf stellen. Erkalten lassen, dann erst wieder umdrehen.

DEMI
KILOG

WINTER

KONFITÜRE AUS ORANGEN, KAROTTEN UND GRAPEFRUITS

Diese Konfitüre kann zu jeder Jahreszeit zubereitet werden, denn die Früchte und das Gemüse sind ganzjährig erhältlich.

ZUBEREITUNG
25 Min.

MAZERIERZEIT
6 Std.

KOCHZEIT
ca. 20 Min.

ERGIBT CA.
4 Gläser à 375 g

ZUTATEN
1 unbehandelte Grapefruit
2 unbehandelte Orangen mit dünner Schale
1 kg Karotten
750 g Grießzucker
75 g ungesalzene Pistazien

Variante

Die Grapefruit kann durch 2–3 Zitronen ersetzt werden.

/ Die Grapefruit und die Orangen 2 Minuten in kochendes Wasser legen. Anschließend unter kaltem Wasser abschrecken und abtropfen lassen. Die Früchte mit der Schale in Scheiben schneiden, die Kerne entfernen, dann jede Scheibe in mehrere Stücke schneiden. Die Zitrusfrüchte sowie den Saft, den sie abgegeben haben, in einen Marmeladentopf geben.

/ Die Karotten schälen und mit der Küchenmaschine in dünne Scheiben schneiden. Die Karotten in den Topf geben. Den Zucker darüber verteilen, den Topf mit einem Geschirrtuch abdecken und den Inhalt 6 Stunden einweichen (mazerieren) lassen.

/ Nach Ablauf dieser Zeit den Topfinhalt bei starker Hitze aufkochen, anschließend ca. 20 Minuten unter gelegentlichem Umrühren bei schwacher Hitze kochen lassen. Am Ende der Kochzeit den Schaum abschöpfen. Die Konfitüre ist fertig, wenn ein Tropfen davon auf einem kalten Teller nicht mehr verläuft. Nun die geschälten Pistazien untermischen und die Mischung mehrmals aufwallen lassen.

/ Die Konfitüre in die Gläser füllen, diese mit Schraubdeckeln verschließen und auf den Kopf stellen. Erkalten lassen, dann erst wieder umdrehen.

ORANGEN-GELEE

Aus nur zwei Orangen und einer Zitrone, jeweils unbehandelt, kochen Sie vier Gläser eines köstlichen, durchsichtigen und sehr aromatischen Gelees. Dieses Familienrezept aus Keremma (in der Bretagne) hat sich bewährt und wird manchen Feinschmecker überraschen.

ZUBEREITUNG
Verteilt auf 3 Tage

MAZERIERZEIT
12 Std. + 12 Std.

KOCHZEIT
ca. 1 Std. 10 Min.

ERGIBT CA.
4 Gläser à 350 g

ZUTATEN
2 unbehandelte Orangen mit dünner Schale
1 unbehandelte Zitrone
1 kg Kristallzucker

Tipp
Die Wasserqualität ist von Bedeutung. Falls das Leitungswasser nach Chlor schmeckt, verwenden Sie ein niedrig mineralisiertes Flaschenwasser.

Erster Tag
/ Die Orangen und die Zitrone waschen und abbürsten. Die Früchte halbieren, anschließend in möglichst dünne Streifen schneiden. Die Orangen- und Zitronenstreifen in eine Schüssel legen und mit 1 Liter Wasser übergießen. Zugedeckt 12 Stunden einweichen (mazerieren) lassen.

Zweiter Tag
/ Den Inhalt der Schüssel in einen Marmeladentopf umfüllen und aufkochen. Bei mittlerer Hitze 40 Minuten kochen lassen. Den Topfinhalt wieder in die Schüssel umfüllen und mazerieren lassen.

Dritter Tag
/ Die Mischung wieder in den Marmeladentopf geben und den Zucker hinzufügen. Bei milder Hitze unter Rühren aufkochen. 25–30 Minuten kochen lassen. Die Gelierprobe machen: Einige Tropfen des Gelees sollten auf einem kalten Teller sofort fest werden.

/ Das Gelee in die Gläser füllen. Diese erst am nächsten Tag verschließen.

WINTER

ORANGEN-MARMELADE

Bereiten Sie diese Marmelade mit Bitterorangen (Pomeranzen) zu.
Die Marmelade wird aber ebenso bei Verwendung süßer Orangen leicht bitter.

ZUBEREITUNG
Verteilt auf 3 Tage

MAZERIERZEIT
12 Std. + 12 Std.

KOCHZEIT
2 Std.

ZUTATEN
1,2 kg unbehandelte Orangen
1 unbehandelte Zitrone
2,5 kg Kristallzucker

Tipp
Es ist sehr wichtig, die Zutaten für diese Marmelade in eine Schüssel umzufüllen, damit sie nicht zu lange in dem Marmeladentopf liegen (vor allem, wenn dieser nicht aus Edelstahl ist). Der Grund dafür ist die Säure der Zitrusfrüchte.

Erster Tag

/ Die Orangen und die Zitrone waschen und dabei abbürsten. Die Schale abreiben und die Früchte auspressen. Die Kerne herausnehmen und in ein Musselinsäckchen geben.

/ Die Orangen- und Zitronenschalen in einem Mixer grob hacken. In eine Schüssel geben. Den Saft, das Säckchen mit den Kernen und 1,5 Liter kaltes Wasser zugeben. Zugedeckt 12 Stunden einweichen (mazerieren) lassen.

Zweiter Tag

/ Den Inhalt der Schüssel in einen Marmeladentopf umfüllen. Nun den Topfinhalt aufkochen. 1 Stunde leicht sprudelnd unter gelegentlichem Umrühren kochen lassen. Wieder in die Schüssel füllen und mazerieren lassen.

Dritter Tag

/ Den Inhalt der Schüssel erneut in den Marmeladentopf geben. Den Zucker zugeben, er löst sich in 2–4 Stunden ohne Wärmezufuhr auf. Nun den Topfinhalt aufkochen. Bei milder Hitze 1 Stunde kochen lassen. Die Gelierprobe machen: Einige Tropfen der Marmelade sollten auf einem kalten Teller sofort fest werden.

/ Das Säckchen mit den Kernen herausnehmen. Die Marmelade verrühren und in die Gläser füllen. Erkalten lassen, erst dann die Gläser verschließen.

Konfitüre aus dreierlei Zitrusfrüchten

Diese Konfitüre kombiniert drei recht unterschiedliche Geschmacksrichtungen – die Bitterkeit der Pomelo verbindet sich wunderbar mit der Säure der Zitrone und der subtilen Geschmacksnote der Orangen, hinzu kommt noch die Süße des Zuckers. Die Kochzeit ist zwar recht lang, die Zubereitung dieser Konfitüre ist jedoch nicht schwierig.

ZUBEREITUNG
20 Min.

KOCHZEIT
ca. 1 Std. 20 Min.

ERGIBT CA.
4 Gläser à 350 g

ZUTATEN
1 Pomelo
1 Zitrone
2 Orangen
1 kg Kristallzucker

Tipp
Wählen Sie für diese Konfitüre unbehandelte Zitrusfrüchte.

/ Die Zitrusfrüchte unter warmem Wasser waschen und dabei bürsten. In Stücke schneiden. Die Kerne beiseite legen, die Zitrusfrüchte im Mixer zerkleinern.

/ Die gehackten Früchte mit ihrem Saft in einen Marmeladentopf geben. 1 Liter Wasser und die in ein Musselinsäckchen gepackten Kerne zugeben. Den Topfinhalt 20 Minuten kochen lassen.

/ Den Zucker zugeben. Unter häufigem Rühren bei milder Hitze 1 weitere Stunde kochen lassen. Die Gelierprobe machen: Einige Tropfen der Konfitüre sollten auf einem kalten Teller sofort fest werden.

/ Am Ende der Kochzeit den Schaum abschöpfen. Das Säckchen mit den Kernen herausnehmen. Die Konfitüre verrühren, dann in die Gläser füllen. Komplett erkalten lassen, dann erst die Gläser verschließen.

WINTER

PAPAYA-MARMELADE

mit Gewürzen

Papayas, die aus Brasilien, von der Elfenbeinküste oder aus Spanien kommen, bringen mitten im Winter etwas Sonne mit. Wählen Sie sehr reife Früchte mit flammend orange-rotem Fruchtfleisch. Diese Marmelade bleibt, wie die meisten Konfitüren aus exotischen Früchten, recht flüssig.

ZUBEREITUNG
20 Min.

MAZERIERZEIT
3 Std.

KOCHZEIT
1 Std.

ERGIBT CA.
4 Gläser à 350 g

ZUTATEN
1 kg Papayas
1 kg Kristallzucker
Saft von 2 grünen Zitronen
1 Vanilleschote
1 EL frisch geriebener Ingwer
2 Gewürznelken
1 Prise frisch geriebene Muskatnuss

/ Die geschälten und entsteinten Papayas klein schneiden. Die Fruchtstücke abwechselnd mit dem Zucker in eine Schüssel schichten. Den Zitronensaft, die der Länge nach aufgeschlitzte Vanilleschote, den Muskat, den Ingwer und die Gewürznelken zugeben. 3 Stunden einweichen (mazerieren) lassen.

/ Den Inhalt der Schüssel in einen Marmeladentopf umfüllen. Bei schwacher Hitze unter Rühren aufkochen. Unter häufigem Rühren bei schwacher Hitze 1 Stunde kochen lassen. Am Ende der Kochzeit sollten Sie beim Rühren den Topfboden sehen können.

/ Die Gewürze herausnehmen. Die Marmelade verrühren, in die Gläser füllen und diese sofort verschließen.

Tipp

Um die Gewürze (insbesondere die Gewürznelken und den Ingwer) problemlos wieder entfernen zu können, werden sie in ein Musselinsäckchen oder in ein Tee-Ei gepackt.

WINTER

EXOTISCHER FRUCHT-MIX

ZUBEREITUNG
30 Min.

MAZERIERZEIT
6 Std.

KOCHZEIT
ca. 25 Min.

ERGIBT CA.
4 Gläser à 500 g

ZUTATEN
- 1 kleine Ananas
- 1 Mango
- 4 Kiwis
- 10 Litchis
- Saft von 1 grünen Zitrone
- 5 Passionsfrüchte
- 1 Orange
- 2 Bananen
- 1,2 kg Rohrzucker
- 100 ml Rum

Tipp
Die Schale einer Passionsfrucht (Maracuja) muss schrumpelig sein. Wenn sie noch glatt ist, ist die Frucht nicht reif.

/ Die Ananas schälen, dabei auch die „Augen“ entfernen. Der Höhe nach vierteln, den harten Strunk herausschneiden und das Fruchtfleisch würfeln. Die Mango schälen und entsteinen, dann würfeln. Die Kiwis schälen und in Scheiben schneiden. Die Früchte in einen Marmeladentopf geben.

/ Die Litchis schälen und entsteinen, mit dem Saft der grünen Zitrone beträufeln, dann mit in den Topf geben. Die Passionsfrüchte halbieren, das Fruchtfleisch mit einem Teelöffel herausholen und zu den anderen Früchten geben.

/ Die Orange schälen und filetieren, die Kerne entfernen. Die Bananen schälen, die Fäden abziehen und die Bananen in Scheiben schneiden. Die Früchte mit in den Topf geben. Den Zucker darüber verteilen, den Topf mit einem Geschirrtuch abdecken und den Inhalt 6 Stunden einweichen (mazerieren) lassen.

/ Nach Ablauf dieser Zeit den Topfinhalt bei starker Hitze aufkochen. Anschließend unter gelegentlichem Umrühren bei schwacher Hitze ca. 25 Minuten kochen lassen. Am Ende der Kochzeit den Schaum abschöpfen. Die Konfitüre ist fertig, wenn ein Tropfen davon auf einem kalten Teller nicht mehr verläuft. Nun den Rum unterrühren und die Mischung unter Rühren mehrmals aufwallen lassen.

/ Die Konfitüre in die Gläser füllen, diese mit Schraubdeckeln verschließen und auf den Kopf stellen. Erkalten lassen, dann erst wieder umdrehen.

INDEX